리더의 인문학

리더의 인문학

초판 1쇄 2023년 8월 1일
초판 2쇄 2023년 10월 5일

지은이 명로진
펴낸이 이혜숙
펴낸곳 (주)스타리치북스

출판 감수 이은희
출판 책임 권대홍
출판 진행 이은정 · 한송이
본문 교정 이상희
편집디자인 스타리치북스 디자인팀

등록 2013년 6월 12일 제2013-000172호
주소 서울시 강남구 강남대로62길 3 한진빌딩 2~8층
전화 02-6969-8955

홈페이지 www.starrichbooks.co.kr
스타리치몰 www.starrichmall.co.kr
스타리치북스 블로그 www.blog.naver.com/books_han
스타리치 TV www.youtube.com/@starrichTV
글로벌기업가정신협회 www.epsa.or.kr

값 17,000원
ISBN 979-11-85982-79-3 13190

리더의 인문학

진정한 리더를 위한 마인드셋

명로진 지음

StarRich
Books

리더의 마음에도
인문학이 필요하다

리더는 고독하다. 왜? 어느 누구도 리더처럼 생각하지 않기 때문이다. 리더에게는 리더만의 안목과 고민이 있다.

"눈이 내리는 것도 사장 책임이다."

사무실 렌트 사업으로 성공한 일본의 사업가 하마구치 다카노리가 한 말이다. 그는 《사장의 일》이라는 책을 써서 회사의 리더인 CEO가 해야 할 일 122가지를 적어놓을 정도로 리더십에 매우 정통한 사람이다. 122항목이라니… 회사의 대표란 그렇게 고된 자리다.

리더의 안목은 직원의 그것과 다르다. 직원이 한 명인 회사의 대표는 큰 회사의 부장보다 힘들다. 모든 선택에 혼신을 바쳐야 한다. 발 한 번 삐끗하면 끝장이다. 일찍이 공자의 제자 증자가 갈파했다. "사는 게 살얼음 걷기다." 회사 규모와 상관없이 세상의 모든 리더는 '여리박빙如履薄氷', 살얼음 위를 걷는 것처럼 살아간다.

때로 리더는 가혹해야 한다. "식사로 샐러드를 먹었다"는 걸그룹에게 매니지먼트 회사 대표는 "샐러드는 무슨 샐러드야! 샌드위치에 초콜릿도 먹었잖아!" 하며 혼낸다. 그는 "성공한 다음에 실컷 먹게 해주겠으니 참으라"라고 달랜다. 샌드위치 하나에 그렇게까지 역정을 내야 할까? "저 친구들의 인생이 걸린 문제이기 때문에 그냥 넘어갈 수 없다"라고 한다. 이렇게 담금질해 키워낸 그룹이 2021년 〈롤린〉으로 역주행해 화제가 된 '브레이브걸스'다. 김성근 프로야구 감독도 비슷한 말을 했다. "내가 선수를 적당히 대하면 선수 가족이 굶는다. 그래서 보기에 따라서는 혹독하게 선수를 몰아붙인다." 당장 웃는 얼굴로 대하기보다는 욕을 먹더라도 아랫사람이 잘되는 길을 택하는 것. 그게 리더의 마음이다.

직원이 하나를 볼 때 리더는 열을 보아야 한다. 아랫사람이 한 달 뒤를 생각할 때 리더는 1년 후를 염두에 두어야 한다. 남들이 다 쉬는 빨간 날에도 리더의 마음은 사무실에 가 있다. 야자수 그늘 아래로 휴가를 갔어도 다음 주에 있을 미팅 때문에 머릿속이 복잡하다. 그러니 리더는 얼마나 힘겨운 자리인가.

월초부터 중순까지는 정신없이 일하고, 중순부터 월급날까지는 정신없이 돈을 끌어모으고, 월급날부터 말일까지는 정신없이 정산하는 삶. 웬만한 중소기업 대표라면 누구나 겪는 한 달 루틴이다. 직원을 열 명 거느린 기업체의 대표인 지인은 "월급날은 왜 그렇게 빨리 돌아오는지 모른다"라며 20년 동안 회사를 운영하면서 단 하루도 급여일을 어기지 않은 것이 얼마나 다행인지 모른다고 털어놓았다. 그 심정, 회사를 운영하는 사람이 아니면 모른다.

세상에는 나쁜 리더도 많다. 월급 떼어먹는 사람, 먹고 튀는 사람, 추행하는 사람, 아랫사람을 노예처럼 부려 먹는 사람, 인격적으로 모욕을 주는 사람…. 이 책에 그런 사람을 위한 글은 없다.

훌륭한 리더란 무엇인가에 대한 답을 찾으려고 이 책을 썼다. 착한 리더가 반드시 좋은 리더는 아니다. 좋은 리더는 사회에 기여도 하고 이익도 내는 회사를 만든다. 성과가 좋으면 아랫사람과 나누고 손해가 생기면 혼자 짊어진다. 문제와 맞서면서도 미래에 대한 비전을 품고 꿋꿋이 역경을 헤쳐나간다.

훌륭한 리더는 스스로 아낀다. 아랫사람을 괴롭히는 일은 자신을 학대하는 것과 같다. 그러므로 좋은 리더는 돈 벌 거 다 벌면서 잘 놀고, 따르는 이도 그렇게 할 수 있게 이끌어주는 사람이다.

리더는 고독하기에 반드시 위안이 필요하다. 나는 그 위안을 인문학에서 찾았다. 동서양 고전에는 상처받은 심정을 어루만지는 문장이 많다. 공자와 소크라테스 같은 성인의 삶 역시 상처로 얼룩져 있어서다.

작은 회사를 이끌어 가는 사람, 하루하루 목숨 걸고 살아가는 자영업자, 잘못되면 모든 것이 자기 잘못인 것처럼 느껴지는 그 누군가가 이 글을 읽는 동안만이라도 평안을 얻길 바란다.

한 사람의 마음을 치유하지 못한다면 인문학을 어디에 쓰겠는가.

비 내리는 여의도 빌딩 숲에서　명로진

德者本也 財者末也

덕이 근본이고 재물은 말단이다.

1
PART

《대학》에서 배우는 깨달음

너의 성격이 너의 운명이다

탕임금은 대야에 이렇게 써놓았다.
"만약 어느 날 새로워졌다면
날마다 날마다 새로워지고 또 날마다 새로워지리라."

-《대학》* 전 2장

아리스토텔레스는 아들에게 주는 교훈《니코마코스 윤리학》에서 "어떤 사람이 탁월하다면 그건 습관의 결과다"라고 말했다. 현대의 자기계발서에서는 "루틴이 성공을 만든다"라고 패러디한다. 습관을 뜻하는 에토스ethos는 곧 성격을 의미하기도 한다. 헤라클레이토스는 "Ethos anthropo daimon(성격이 인간의 운명이다)"이라는 명언을 남겼다.

참으로 명쾌하다. 성격이 운명이다. 성격이 더러운 놈은 더러운 운명을 살게 되고 성격이 아름다운 자는 아름다운 운명을 살게 된다. 만약 누군가 성격이 더러운데 아직 운명이 더럽지 않다면? 공자의 예언을 믿어라.

---

* 주희는《대학》의 내용 중 공자의 말씀은 경(經), 나머지 부분은 전(傳)이라고 해설했다.

子曰 人之生也直 罔之生也 幸而免

자왈 인지생야직 망지생야 행이면

공자께서 말씀하셨다.

"사람의 인생은 곧다. 곧지 않게 살아가고 있다면 요행히 재앙을 면하고 있는 것뿐이다."

-《논어》〈옹야〉

나는 이 문장을 좌우명으로 삼아 살아간다. 인간은 역지사지가 안 되는 존재이기에 나 아닌 타인에게 이 명제를 적용한다. 지저분하게 뒷 담화를 하면서 나를 모욕한 A씨! 당신 말이야, 똑바로 살아! 똑바로 살지 않는데 아직 잘살고 있다고? 요행히 재앙을 면한 것뿐이야.

여러분도 이렇게 생각하면 된다. 여러분을 망친 그자가 아직 잘살고 있는가? 요행히 재앙을 면한 것뿐이다. 곧 망한다. 성격이 개떡 같으니 운명도 개떡 같을 것이다. 인류의 성현들이 한 말이니 믿자.

습관이 곧 성격이라고 갈파한 그리스 철학은 옳다. 타고난 성격을 명확하게 파악할 수는 없다. 우리 성격이 좋은지 나쁜지도 명확히 알 수 없다. 다만 좋은 습관을 만들어 탁월함을 향해 나아갈 뿐이다. 좋은 예가 탕임금이다. 기원전 1700년경 은나라를 건국한 탕임금은 덕이 있고 문무를 겸비한 이였다. 《사기》〈본기〉에 탕임금의 성격을 짐작하게 하는 일화가 있다.

탕임금이 교외에 나갔는데 어떤 사람이 사방에 그물을 쳐놓고 "여기 있는 새가 죄다 나한테 걸리게 해주십시오" 하고 기도하는 사람을 보았다. 탕임금이 듣고 "어허, 다 잡으려 하다니" 하고 3면의 그물을 거두며 말했다. "오른쪽으로 갈 새는 오른쪽으로 가게 하고, 왼쪽으로 가려는 새는 왼쪽으로 가게 하고 운이 나빠 이 그물에 걸리는 놈만 잡게 하소서."

탕임금이 이런 행동을 하자 사람들은 '덕이 지극하다'며 그를 따랐다. 탕임금은 탐욕을 경계했다. 사방에 그물을 치면 온갖 고기를 다 잡을 것 같지만 결국 인심을 잃는다. 탕임금은 과감히 4분의 3을 포기함으로써 천하를 얻었다. 이런 그도 왕에 오르고 보니 마음이 예전 같지 않았다. 매일 흔들렸다.

탕임금에 대한 기록은 《사기》〈본기〉와 《서경》에 몇 줄 남아 있을 뿐이다. 탕임금이 은나라를 세울 때 큰 공을 세운 신하가 이윤이다. 이윤은 탕임금이 죽고 탕임금의 아들 태정이 죽고 태정의 동생 외병이 죽고 외병의 동생 중임이 죽을 때까지도 살아 있었다. 앞서 예로 든 이들이 모두 은나라 왕(태정은 제외. 그는 태자 시절에 사망함)인데 왕위는 돌고 돌아 탕임금의 손자이자 태정의 장자 태갑에게 이어진다. 《서경》에는 이윤이 원로대신으로서 태갑에게 훈시하는 말이 길게 이어진다.

"선왕을 본받아 덕을 닦고 어른을 공경하고 여자를 멀리하고 술은 일주일에 한 번만 마시고…."

《서경》에 기록된 은나라 역사 전반부의 상당량이 이윤의 훈계다. 태갑이 말을 듣지 않자 이윤은 그를 3년 동안 동궁에 유폐하기까지 한다. 엄밀하게 말하면 역모인데 이윤은 왕위를 차지하려는 의사가 없었기에 태갑을 다시 불러 타이르고 또 타이른다. 다행히 태갑이 개과천선해 정치를 잘하게 되자 이윤은 은퇴한다.(은퇴하면서 태갑에게 했던 훈계가 또 길게 기록되어 있다.)

이윤은 어떤 신하였을까? 다른 기록에서 유추해보자.《여씨춘추》에는 이윤의 탄생 설화가 실려 있다. 이윤의 어머니가 그를 잉태했을 때 꿈을 꾸었는데 신령이 나타나 "이수에 절구가 떠내려오면 동쪽으로 달리라"라는 계시를 내렸다. 다음 날 과연 이수에 절구통이 떠내려왔다. 이윤의 어머니는 동쪽으로 10리를 달리다 뒤돌아보았는데 마을이 물에 잠기고 있었다. 그 순간, 그녀는 뽕나무로 변했다. 뽕나무에서 아기 울음소리가 나서 사람들이 와서 보니 이윤이 있더라는 것이다.

탄생 설화는 대개 고대국가를 건국한 인물에 뒤따른다. 왕이 아닌 이윤에게 이런 전설이 덧붙여진다는 건 이윤이 왕에 버금가는 권력을 누렸다는 반증이다.《여씨춘추》에는 이윤의 성격을 짐작하게 하는 또 다른 일화가 실려 있다. 탕임금이 이윤에게 "어떻게 하면 천하를 잘 다스릴 수 있습니까?" 하고 물으니 이윤이 "천하를 다스리려 하기 전에 먼저 스스로를 다스려야 합니다. 그래야 천하를 다스릴 수 있습니다"라고 답했다는 것이다. 한마디로 "너나 잘하세요"다. 왕이 볼 때 참 기분 나쁜 대답이다.

탕임금은 덕이 있는 사람이었다고 했으니 분노조절을 잘했을 거다.

하지만 입만 열면 훈계하는 이윤이 고울 리 없었다. 어제 한 얘기를 또 하고 아까 한 지적을 다시 하고…. 《당신이 옳다》를 쓴 정혜신 선생은 '충조평판'만 안 해도 공감의 반은 완성된다고 했다. 입만 열면 충고, 조언, 평가, 판단을 하는 이윤이 달가웠을까? 하도 잔소리를 해대니까 탕임금은 세숫대야에 이런 글을 써놓았다.

"만약 오늘 하루 화를 안 냈다면 굿!
매일매일 새로워지자.
내일은 내일의 태양이 떠오른다."

탕임금은 똑똑한 신하가 매일 내지르는 간언에 지칠 때마다 세수를 했다. 대야에 쓰여 있는 '일일신우일신'을 보며 화를 삭였다. 소리 지르고 싶고 벌주고 싶고 내치고 싶은 마음을 달랬다. '이윤, 저 새끼 죽일까?' 하는 생각이 들 때마다 문구를 되새겼다. 분노조절에 성공한 탕임금은 성군으로 남았지만 재위 13년 만에 죽었다. 이윤은? 탕임금을 보내고 세 왕을 섬기면서 장수했다.

화 죽이고 단명할까, 화내고 오래 살까. 그것이 문제다.

스스로에게 솔직하기

몸을 바르게 하려는 자는 먼저 그 마음을 바르게 했고
마음을 바르게 하려는 자는 먼저 그 뜻을 진실하게 했다.

- 《대학》경 1장

몸보다 마음이 먼저다. 현인들은 이미 2,500년 전 이 사실을 알았다는 게 신기하지 않은가? 현대 의학이 우리 몸의 병 대부분이 스트레스에서 온다는 사실을 밝혀냈는데 과학이 아니어도 인류는 알았던 거다. 마음이 먼저라는 것을.

그런데 《대학》전 6장에 마치 위의 대목과 그대로 연결되는 듯한 문장이 있다.

이른바 그 뜻을 진실하게 한다는 것은 스스로 속이지 않는 것이다.
악취를 싫어하듯, 예쁜 것을 좋아하듯.

진리는 참으로 단순하다. 악취를 좋아하는 사람이 있을까? 이런 사람을 '미친놈'이라고 한다. 미치지 않으면 된다. 평범하면 그만이다. 보통 사람 누구나 그 뜻을 진실하게 할 수 있다. 어떻게? 스스로 속이지 않음으로.

뭐든 억지로는 하지 말자. 억지로 하다보면 마음에 탈이 난다. 누구나 악취를 싫다 하고 예쁜 것을 좋다고 하면 된다. 그런데 이 단순하고 원초적인 감정 표현이 쉽지 않다. 왜? 상사나 회사 리더의 입에서 참기 힘든 악취가 나기 때문이다. 하지만 윗사람의 구취는 싫어도 앞에서 내색하기 어렵고 악취가 난다고 직선적으로 말하기는 힘들다. 살다 보면 악취와 미추가 이해타산에 얽혀 있게 마련이다. 월급과 수입이, 가끔은 냄새나는 구덩이 속에 파묻혀 있기도 하다. 고개를 돌릴 건가? 파내야지! 손에 피를 묻히더라도 파내야 한다. 문제는 삶의 경제인데 그 경제가 늘 향기와 미모 속에 안정을 취하는 건 아니다.

《대학》은 해석하기에 따라서 이런 곤란한 상황을 잘 피해갈 수 있도록 샛길을 마련해놓았다. 경 1장을 다시 보자.

그 뜻을 진실하게 하려는 자는 먼저 아는 것을 확실하게 했다.
아는 것을 확실하게 하려면 물질을 제대로 파악해야 한다.

《대학》의 마음은 이렇게 도돌이표다. 속물근성으로 이 대목을 해석하면 다음과 같다.

네 몸이 괴로운 건 네 마음이 아파서야. 네 마음을 아프지 않게 하려면 솔직해야 해. 솔직해지려면 좋은 건 좋다, 싫은 건 싫다고 하렴.

그러려면 네가 뭘 알고 뭘 모르는지 그것부터 확실하게 해. 아, 그리고 중요한 건 물질이야.

이 대목에서 며칠 전 대화를 나누었던 아우 훈이 떠오른다. 작은 기업을 운영하는 그는 지난 연말에 내내 괴로워했다. 직원 다섯 명의 월급 줄 돈이 간당간당했다. 1년 동안 사업체를 잘 꾸려왔는데 12월 중순 이후 열흘 가까이 재정 사정이 어려웠다. 웃음이 사라지고 얼굴이 굳었고 소화불량이 겹쳤다. 그런데 12월 27일 점심 무렵, 입금을 알리는 휴대전화 알람이 울렸다. 잊고 있던 거래처에서 7천만 원이라는 거금이 들어온 거다.

"와, 진짜 그 돈 들어오니까 세상 시름이 다 사라지더라고."

훈은 직원들에게 상여금을 주고 아이들 용돈도 줬다.(나에게 술도 샀다.)

괴로웠던 마음은 입금과 동시에 사라졌다. 얼굴이 풀리고 소화가 잘되고 미소가 절로 떠올랐다. 보라!《대학》에서 말하는 격물치지를. '물질이 중요한 것을 잘 알아야 한다'는 진리를.

《대학》의 첫 대목을 자본주의식으로 풀면 이런 거다. 천하에 덕을 베풀겠다고? 먼저 나라를 다스려라. 나라를 다스리려면 먼저 집안 단속을 잘해라. 집안 단속을 잘하려면 먼저 몸을 닦아라. 몸을 닦으려면 먼저 마음을 바르게 해라. 마음을 바르게 하려면 먼저 네 뜻을 진실하게 해라. 뜻을 진실하게 하려면 먼저 잘 알아라. 뭘? 돈이 중요하다는 것을.

우리 사회의 저명한 학자 한 분이 팔순을 맞이했다. 여기저기서 수십 개의 난 화분을 보내왔다. 어느 날 오후에 비서가 그 난을 보고 이렇게 중얼거렸다.

"에휴, 저게 다 돈이라면 얼마나 좋을까?"

그 말을 듣고 학자가 소리쳤다.

"이보게!"

비서는 혼날까 봐 움찔했다. 학자가 말을 이었다.

"어쩜 내 맘하고 똑같나그래."

우리 아이가 처음 피아노 독주회를 했을 때의 일이다. 여기저기서 축하한다고 다양한 물품이 들어왔다. 축하 카드, 꽃다발, 케이크, 과자, 과일 등등. 독주회를 하느라 그달 생활비가 구멍 난 우리 부부는 그것들을 보며 이렇게 말했다.

"저게 다 돈이면 얼마나 좋을까?"

어떤 성숙한 어른들은 잡다한 물질 대신 돈 봉투를 건네고 갔다. 나는 그 지극한 격물치지 정신에 감탄할 수밖에 없었다. 그때야 알았다. 꽃보다 더 아름다운 물질이 있다는 사실을. 사물의 궁극에는 가볍고 얇은 종이의 물성이 자리 잡고 있다는 것을.

마음이 없으면…

몸을 바르게 하려면 마음을 바르게 해야 한다.
노여움이 있으면 그 바름을 얻을 수 없고
두려운 것, 즐거 하는 것, 걱정스러운 것이 있으면
마음의 바름을 가질 수 없다.
아, 마음이 없으면 보아도 보지 못하고
들어도 듣지 못하며 먹어도 그 맛을 모르나니
그러므로 몸을 닦으려는 사람은
마음부터 바르게 해야 한다.

- 《대학》 전 7장

《대학》은 철학책이라기보단 심리학책에 가깝다. "마음이 없으면 살아도 사는 게 아니다"라고 선언한다. 폭탄과 같다. 마음이 없다니… 마음이 뭐길래? 마음은 도대체 어디에 있을까? 뇌에 있을까 아니면 가슴에 있을까? 우리 마음이 뇌의 작용에 따라 좌우된다는 사실은 이미 밝혀졌다.

그러나 협심증 환자여서일까? 나는 마음이 괴로우면 가슴이 아프다. 지난날 종종 길을 걷다가, 침대에 눕다가, 목욕하다가 극심한 흉통에 시달리곤 했다. 119로 두 번이나 병원에 실려 갔다. 병명은 불안정 협심증. 언제 어떻게 심장 혈관이 좁아질지 모른다는 뜻이다. 몸이 아파 마음이 불안한 것인지, 마음이 아파 몸이 불안한 것인지는 나도 모른다.

우리 마음은 왜 이다지도 요동치나? 돌멩이나 먼지 때문이겠나? 사람 때문이다. 우리가 생판 모르는 남 때문이겠나? 우리와 아주 가까운 이들 때문이다. 《대학》의 다음 구절은 이렇게 설명한다.

사람이란

사랑하고 친한 사람에게 공평하지 못하고

천박하고 미운 사람에게 공평하지 못하고

존경하고 두려운 사람에게 공평하지 못하고

가엾고 불쌍한 사람에게 공평하지 못하고

거만하고 게으른 사람에게 공평하지 못하다.

… 그러므로

좋아하는 사람의 단점을 알고

싫어하는 사람의 장점을 아는 사람은 세상에 드물다.

- 《대학》 전 8장

위에서 밑줄 친 두 문장의 원문은 다음과 같다.

好而知其惡 惡而知其美者 天下鮮矣

호이지기악 오이지기미자 천하선의

그렇단다. 그럼 어쩌라고? 역으로 생각해보자. 좋아하는 사람도 단점(추함)이 있다고. 싫어하는 사람도 장점(아름다움)이 있다고. 이렇게만 생각해도 내 마음의 무게가 조금은 가벼워진다. 기울어진 추가 돌아온다.

《대학》의 이 대목을 읽다가 구약성서의 《욥기》가 떠올랐다. 욥은 에돔 우스 지방의 최대 부자로 아들 일곱, 딸 셋을 두었다. 욥은 하나님을 경외하며 죄짓지 않고 아주 정직하게 살았다. 구약성서에는 욥을 '온전하고 정직하며 악에서 떠난 자'라고 기록하고 있다. 하나님이 이런 욥을 칭찬하자 사탄이 딴지를 건다. "그렇게 많은 땅과 좋은 집과 재산을 가지고 하나님을 경외하지 않을 사람이 어디 있느냐"라고. 하나님은 "그럼 그의 재산과 가진 것을 모두 빼앗아 보라"라고 말한다. 인간을 두고 신은 종종 이런 내기를 한다.(어쩌면 우리 인생이 그저 신의 내기에 불과할지도 모른다.)

사탄이 욥의 재산을 다 없애고 자식들도 다 죽인다. 그럼에도 욥의 믿음은 변함이 없다. 사탄은 다시 욥의 전신에 종기가 나도록 괴롭힌다. 욥의 아내는 "하나님을 욕하고 죽으라"라고 소리친다. 그래도 욥은 굳건하다. 친구들이 찾아와 위로인지 조롱인지 모를 말을 늘어놓는데 이게 압권이다.

"분노는 미련한 자를 죽이고 시기는 어리석은 이를 멸한다. 사람은 원래 고생하기 위해 태어난 것이다." 잘살던 때가 있었으니 못사는 날도 있는 법. 신에게 계획이 있을 테니 그리 억울하게 생각하지 말란다. 이제 욥도 흔들린다. 죽고 싶을 만큼 괴로워한다. 죽고 싶어도 죽지 못하는 자신이 한없이 처량해진다. 친구들에게 자신이 얼마나 의인인지

변론도 한다.《욥기》는 말한다.

- 착한 사람이 반드시 행복하고 악한 사람이 반드시 불행한 건 아
  니다.
- 인간이 아무리 의롭고 선해도 하나님의 콧김 한 번이면 무너진다.
- 사람 마음대로 되는 건 없다.

욥의 이야기는 하나님이 나타나 회개하는 욥에게 이전보다 더한 부
와 행복을 주면서 해피엔딩으로 끝난다. 우리를 둘러싼 모든 것이 우리
뜻대로 되지는 않는다. 그러니까 함부로 까불지 말아야 한다. 돈 많이
벌고 잘산다고 너무 나대지도 말고, 돈 없이 가난해도 못산다고 너무
기죽지도 말아야 한다. 자연은 늘 그대로다. 자연과 우주–인간 이외의
것을 주관하는 신의 뜻은 늘 한결같다. 우리가 모를 뿐이다. 이게《욥
기》의 메시지다.

봄, 여름, 가을, 겨울이 지나도록 별은 제 갈 길을 따라 운행한다. 추
워 죽을 것 같지만 봄은 오고 더워 미칠 것 같아도 가을은 온다. 자연은
기쁨과 슬픔이 없이 묵묵히 지속되건만 그 안에 똬리를 튼 인간만이 미
주알고주알 말이 많다. 이래서 즐겁고, 저래서 괴롭고. 아침에는 나락
에 떨어졌다가 점심에는 꼭대기에 오른다. 하루에도 몇백 번씩 요동친
다. 우리 마음이.

신이 얼마든지 없앨 수 있는 재산에 내 마음이 가 있으면 늘 불안하
다. 하루에도 열두 번씩 변하는 타인에게 내 마음이 가 있으면 늘 괴롭

다. 재산이 적으면 적어서 걱정, 많으면 많아서 걱정. 사람이 좋으면 좋아서 근심, 싫으면 싫어서 근심. 우리 이외의 것에 마음을 빼앗기는 순간, 마음은 롤러코스터를 탈 수밖에 없다. 그러니 이제 마음을 거두자. 우리 아닌 모든 것으로부터. 나 아닌 모든 사람으로부터.

그리고 고요히 마음이 머문 내면의 자아를 돌보자.

커버린 마음, 작아지지 않아라

맹헌자*가 말했다.

"수레 모는 말을 키우는 사람은
닭과 돼지를 살펴보지 않는다."

畜馬乘 不察於鷄豚
휵마승 불찰어계돈

- 《대학》 전 10장

이 구절의 기존 해석은 대체로 '공적인 일을 돌보는 사람은 사적인 이익을 취하지 않는다'이다. 내 생각은 다르다. 수레 모는 말은 자아의 확장된 의지다. 수레 모는 말을 키우는 사람은 꿈을 꾼다. 자기가 키운 말이 귀한 사람을 모시거나 전쟁터에 나가 장수를 태우거나 경주에 나가 뛰어난 성적을 거두는 꿈을. 이런 꿈을 품은 사람이 닭이나 돼지를 길러 푼돈을 챙기길 바라겠는가? 설혹 돼지값이 폭등해 돈을 번다 해도 경주마 혹은 전투마의 명예와 바꿀 수 있겠는가?

확장된 의지를 한번 맛본 사람은 다시는 예전의 규격으로 돌아가지 못한다. 설령 돌아간다 해도 영혼 없는 삶일 뿐이다. 닭의 울음이나 돼

---

* 맹헌자는 춘추시대 노나라의 어진 대부다.

지 먹 따는 소리를 듣다 미쳐 버린다. 그의 눈에는 출발대를 박차고 나가는 아름다운 추입마가 보인다. 경마에 출전하는 말은 크게 두 종류로 나눈다. 시작해서 앞서 나가는 선행마, 막판에 힘을 내는 추입마다. 내내 뒤처져 있다가 막판에 앞선 말을 따라잡는 추입마! 세상에서 말처럼 아름다운 피조물이 있을까. 시류에 따라 머뭇거리고, 조류에 따라 색을 바꾸고 좌에 붙었다 우에 매달리는 인간이 갖지 못한 저 직진의 순결성처럼 고상한 것이 있을까.

말 기르는 이의 인식과 의지는 이미 위대한 품격의 우주에서 노닌다. 그의 눈에는 18세기 영국에서 21전 21승을 올렸다는 전설의 명마 이클립스가 보인다. 일식이 일어났던 날 태어났다는 아라비안 혈통마의 건장한 어깨가, 날렵한 다리가, 수려한 갈기가 환생한다. 이클립스가 하늘을 나는 듯 달려나갈 때, 말 기르는 이에게 양계나 양돈은 가치가 없다. 꿈의 규모를 억지로 축소당하거나 꿈의 유지 자체를 차단당한 이는 종종 극단적인 선택을 한다. 누군가에게 꿈의 상실은 곧 죽음이다. 그러므로 냉정하게 현실을 직시하기보다는 이룰 수 없는 꿈의 세계에 몸을 맡기는 편이 나을지도 모른다.

브리티시 갓 탤런트로 세계적인 명성을 얻은 영국의 가수 폴 포츠가 그랬다. 그의 신화를 다룬 영화 《원챈스》를 보면 그의 꿈은 오페라뿐이었다. 하지만 현실은 늘 그렇듯 먹고사는 게 문제였다. 폴은 어려운 집안 형편 속에서 노래하고, 노래하고 또 노래했다. 이탈리아 베네치아 음악학교로 유학까지 가서 아리아를 배웠지만 파바로티로부터 "그렇게 자신감이 없어서 어떻게 오페라 가수가 되겠나"라는 비난을 듣고 돌아온다.

폴의 아버지는 "세상은 너 편한 대로 굴러가지 않는다. 자기연민에 빠지지 마라. 힘든 건 마찬가진데 왜 너만 유난을 떠느냐"면서 노래는 집어치우고 먹고살 궁리나 하라고 꾸짖는다. 폴은 휴대전화 판매원으로 근근이 살아간다. 설상가상, 교통사고를 당해 몇 달 동안 병원 신세를 진다. 신혼인 그의 집에 고지서는 쌓이고 생활비는 4년째 적자인데다 세금도 연체 상태다. 폴은 절박한 심정으로 브리티시 갓 탤런트에 나가 오페라 아리아 '공주는 잠 못 이루고'를 부른다. 마지막 가사는 이렇다.

물러가라, 밤이여!
사라져라, 별들이여!
새벽이 밝아오면, 나 이기리라!
이기리라! 이기리라!

마치 폴 포츠의 현실, 아니 커져버린 꿈을 안고 작아져버린 자아로 살아가는 모든 이의 현실을 대변하는 듯하다. 폴 포츠는 그해 브리티시 갓 탤런트에서 우승했고 이후 돈과 명예를 모두 얻었다.

현실은 엉망이다. 《대학》에서 말하는 '닭과 돼지 기르기'조차 만만치 않다. '말 기르기'보다 더 어려울지도 모른다. 나는 현실의 만만치 않음이 꿈꾸는 이들에게 오히려 다행이라 생각한다. 만약 현실이 만만해서 폴 포츠가 휴대전화 판매원으로 승승장구했다면 어땠을까? 브리티시 갓 탤런트에 나갈 생각은 하지 않았을 거다. 휴대전화를 팔아도 힘들고 오페라 가수가 되는 것도 힘들다. 회사를 다녀도 고통스럽고 사표를 내고 나만의 일을 시작하는 것도 고통스럽다. 현실도 만만치 않고 꿈을 이루는 것도 만만치 않다. 둘 다 어렵다면 후자를 택해야 하지 않을까? 원치 않는 현실을 택할 때는 몸도 마음도 괴롭지만 원하는 꿈을 택하면 마음만은 평온하기에.

몸은 이곳에 있으나 마음은 저곳에 가 있다면 마음의 소리를 들어야 한다. 몸을 이끌고 저곳으로 가야 한다. 그렇지 않을 때 우리는 아프다. 가자, 가자. 저곳으로 가자.

내가 먼저 그리고 너

윗사람이 내게 한 잘못을
아랫사람에게 행하지 않고
아랫사람이 내게 한 잘못으로
윗사람을 섬기지 않는다.

선배가 한 나쁜 것을
후배에게 물려주지 않고
후배가 한 잘못을
선배에게 똑같이 하지 않는다.

오른쪽 사람이 한 나쁜 짓으로
왼쪽 사람과 사귀지 않고
왼쪽 사람의 싫은 점을
오른쪽 사람과 나누지 않는다.

－《대학》전 10장

《대학》에 담긴 핵심 사상은 '내가 먼저 있고 난 뒤에 남에게 요구하는 것'이라 할 수 있다. 그렇다면 목적어는 뭘까? 내게 올바름이 있고 난 뒤에 남에게 올바름을 요구하고 내게 잘못이 없고 난 뒤에 남에게 잘못을 없애도록 요구하라는 거다. 선함도 내가 먼저 있고 나서 남에게 요구해야 하고, 진실도 내가 먼저 있고 나서 남에게 요구해야 하고, 덕도 마찬가지다.

그리스 철학에 등장하는 아레테arete는 종종 두 가지 의미를 갖는다. 미덕 또는 탁월함이다. 고대 그리스 사람들은 탁월함을 미덕이라고 봤다. 제화공은 구두 잘 만드는 게 미덕이고 가수는 노래 잘하는 게 미덕이다. 탁월함이 없는 사람은 덕도 없다. 타인의 탁월함을 시기하고 질투하는 까닭은 내게 탁월함이 없어서다. 남 잘되는 꼴을 못 보는 사람은 그 자신에게 덕이 없어서다. 《대학》은 그래서 "내가 먼저 있고 나서 남에게 바란다"라고 말한다.

조선시대 신하들은 참 편했겠다. 왕에게 간언하다 막히면 《대학》을 들먹이면 그만이다.

"전하, 수신 이후 제가요, 제가 이후 치국이옵니다. 제발 당신부터 올바름을 장착하시옵소서."

그놈의 수신 ─ 몸을 닦는 것은 얼마나 지난한 과정이냔 말이다. 털어서 먼지 안 나올 수신자가 누구냔 말이다. 임금은 이 《대학》 구절 때문에 이러지도 저러지도 못했다.

《대학》 전 9장에는 또 이런 선언이 나온다.

"남을 배려하지 않으면서 남을 깨우치게 할 사람은 없다."

감동은 늘 배려 뒤에 온다. 배려 없이 설득 없고 설득 없이 내 편 없다. 우리가 자주 잊는 명제다.

언젠가 이집트를 여행할 때, 나는 피라미드 앞에 자리 잡은 상가 주인이 《대학》의 명제를 실천하는 걸 봤다. 모 방송사의 '지구 탐험 시리

즈' 촬영 때의 일이다. 피라미드 바로 앞에 5층 상가가 있었다. 그 상가 옥상에서 피라미드 나이트 쇼를 촬영하면 좋을 것 같았다. 나이트 쇼는 피라미드를 배경 삼아 펼쳐지는 춤과 노래, 조명의 향연이었다. 당시엔 드론도 없던 때라 담당 피디가 상가 주인에게 옥상에서 작업할 수 있도록 허가를 구했다. 상인은 흔쾌히 "오케이"를 했다. 우리가 두 시간가량 촬영하는 동안 상인은 차를 내오고 간식을 가져왔다. 피디와 카메라맨, 나와 통역까지 한국인 네 사람에게 그는 촬영 중간중간 이런저런 걸 물었다. "가족은 어떻게 되느냐?" "아들은 몇 살이냐?" "돈벌이는 괜찮냐?"… 그는 진심으로 관심을 표했고 부족한 것이 없도록 배려했다. 우리는 만족할 만한 촬영 성과를 얻고 아래로 내려왔다.

4, 5층에는 가정집이 있었고 1~3층은 기념품 상점이었다. 3층으로 내려가면서 상인은 말했다.

"꼭 필요한 것이 없을 수도 있지만 그래도 모르니 한 번 구경이나 하고 가시오."

상인 덕에 작업을 잘 끝냈으니 뭔가 보답을 하고 싶었다. 미안한 마음에 가게를 둘러봤다. 그리고 각자 2만~3만 원 상당의 기념품을 하나씩 샀다. 다행히 그곳에는 내가 이집트에서 꼭 구하고 싶었던 파피루스 그림판이 있었다. 상인에게 돈을 지불하면서 한 푼도 깎지 않았다. 그가 그냥 가라고 했어도 우린 가게에 들러 뭔가를 구입했을 거다. 상인은 우리를 설득할 필요도 없었다. 배려가 충분하면 설득은 덤이다.

나이 50이 넘으면서 바뀐 게 하나 있다. 40대 때까지만 해도 누군가 내게 도움을 요청하면 이렇게 생각했다.

'아니, 내가 그렇게 한가한 줄 아나.'

그러면서 도움을 거절하거나, 돕긴 돕되 건성으로 하거나, 대가를 바라고 도왔다. 그래서 내가 도와준 이도 나도 그 도움이 기억에 남지 않았다.

지금은 누군가 내게 도움을 요청하면 마치 그것이 내게 가장 중요한 일이라도 되는 듯 돕는다. 최근에는 유튜브에 올리기 위해 영상 편집하는 방법을 알려달라는 지인이 몇 있었다. 영상 편집의 기본을 알려주려면 최소한 4시간은 걸린다. 나는 대가 없이, 바라는 것 없이 내가 할 수 있는 최대한 도움을 주려고 노력한다. 시간도 들고 품도 든다. 그가 내게 비용을 지불하는 것도 아니다. 그런데 이렇게 하고 나면, 그는 내게 마음의 빚을 지게 된다. 이게 참 무섭다. 세상일은 돌고 돌기에 얼마 뒤 그의 도움이 필요할 때가 온다. 이때 내가 그에게 뭔가 요청하면 그는 기꺼이 내 요구를 들어주게 되어 있다.

세상에서 제일 무서운 것이 '대가를 바라지 않고 남을 돕는 일'이다. 대가를 받으면 거래는 끝난다. 대가를 받지 않으면 '사람'을 얻는다. 나는 쉰 살이 되기 전까지 '사람을 얻는 것이 우선'이라는 말의 뜻을 몰랐다. 사람, 즉 사람의 마음을 얻는 것이 기실 인생에서 가장 소중하다. 사람의 마음을 얻으려면 어떻게 해야 할까? 그가 잘되는 것이 내가 잘되는 것인 듯해야 한다.

후배 A는 절친 B의 사업을 돈 한 푼 받지 않고 1년째 돕고 있다. B가 운영하는 작은 점포의 온라인 마케팅을 A가 전담한다. A는 자기 일이 있지만 B와 관계된 작업을 퇴근 후나 주말에 투잡처럼 한다. 그 덕에 B는 꽤 자리를 잡았다. 한 번은 내가 A에게 물었다.

"왜 그렇게 B를 위해 일하는 거야?"

A가 대답했다.

"저는 B가 잘되는 걸 보면 행복해요."

아아, 어떻게 하면 A 같은 이를 얻을 수 있을까? 내가 누군가에게 A가 되면 그도 내 A가 되어줄까?

©Fiz_zero

뭣이 중헌디? 돈이냐, 몸이냐

지혜로운 사람은 돈을 써서 몸을 빛나게 만들고
어리석은 사람은 몸을 상하면서 돈을 모은다.

– 《대학》전 10장

한자 실력이 부족한 나는 아래 원문을 읽고 며칠 동안 고민했다.

仁者 以財發身

인자 이재발신

不仁者 以身發財

불인자 이신발재

이에 대한 대표적인 해석은 다음과 같다.

"어진 사람은 재물로써 몸을 일으키고 어질지 못한 사람은 몸으로써 재물을 일으킨다." (이세동)

"인仁한 사람은 재물을 효율적으로 사용하여 자신의 덕행과 명예를 제고시키는데, 불인不仁한 사람은 자기 몸을 망쳐서 재물만 긁어모은다." (김용옥)

"인자는 재물로써 몸을 일으키고, 불인자는 몸으로써 재물을 일으킨다." (유교문화연구소)

동양고전을 좋아하는 사람으로서 나는 위의 해석에 심히 불만이다. 이세동 선생과 유교문화연구소는 똑같이 발發을 '일으킨다'고 해석했다. '재물로써 몸을 일으킨다'는 말이 이해되는가? '몸으로써 재물을 일으킨다'란 말은 어떤가? '일으킬 발'이란 뜻이 있지만 소통되기 어려운 번역이다. 《한자 어원사전》(하영삼)에 따르면 발發은 원래 '활로 쏘아 멀리 나아가게 하다'라는 의미다. 의미는 '열다' '일어나다' '떠나다' '일으키다' '움직이다' '누설하다' '발명하다' '쏘다' '빠르다' '찾아내다' '펴다' '날리다'로 다양하다.(강희대옥편) 현재보다 더 좋고 훌륭하게, 빠르게 변화하는 모습을 나타낸다.

이以는 '써 이'라고 알려져 있고 가장 흔한 해석이 '~로써'다. 하지만 《한문 해석사전》(김원중)에는 이以의 용례가 전치사, 부사, 대명사 등 11가지나 되고 무려 17쪽에 걸쳐 설명되어 있다. 이以를 단순히 '~로써'만으로 해석하기엔 무리가 있다.

안기섭 선생은 선진 양한 시대 한문법을 다룬 《신체계 한문법 대요》에서 독특한 이론을 펼친다. 한자어는 어느 것이든 동사의 성격이 있다는 것이다. 이以 역시 선진시대, 특히 유학 문헌에서 '단독으로 술어의 핵심이 되는 예'가 많다고 한다. 다시 말해서 이以는 '~로써'의 의미를 넘어서 '~를 가지고 하다' '~로써 하다'처럼 '쓰다' '사용하다' '써서 하다'는 의미가 있다. 안기섭 선생은 "이以는 실사이니 의미상의 방편적 품사 분류로는 동사에 귀속되나, 더 엄밀하게 말하면 동사, 형용사, 명사를 구분할 의미가 없는 것이 고대 한어의 실상이다"라고 주장한다. 말하자면 고대 한문에서 以는 전치사나 부사 또는 접속사의 역할 하나만 하는 것이 아니라 늘 동사의 성격을 함께 갖고 있으며 다양한 품사의 성격이 있다는 의미다.

이 이상의 학문적 해설은 내 능력 밖의 일이다. 다만 나는 얼마나 많은 현대인이 고식적인 한문 해석 때문에 중국 고전에 다가가는 데에 어려움을 느끼는지를 말하고 싶다. 위에서 예로 든 《대학》에 대한 대표적 해석조차 저렇게 편차가 크다면 현대인의 언어 습관에 좀 더 익숙한 표현으로 번역할 수도 있지 않을까?

그러므로 仁者 以財發身 不仁者 以身發財라는 문장은 "仁한 사람은 건강한 삶을 위해 돈을 쓰지만, 불인不仁한 사람은 돈을 모으기 위해 건강을 망친다" 정도로 해석하면 좋겠다.

다시 《대학》으로 돌아가자. 같은 장에 이런 문장이 있다. "돈을 모으면 사람이 흩어지고 돈을 풀면 사람이 모인다." 그리고 이렇게 결론을 내린다.

德者本也 財者末也
덕자본야 재자말야
덕이 근본이고 재물은 말단이다.

덕이 중요하고 돈은 하찮다. 탁월함이 갑이고 현찰은 을이다. 미덕을 베푸는 것이 최상이며 보상을 바라는 것은 하수다. 이런 말이다. 돈은 덕에 귀속되어야 한다. 덕=탁월함을 지닌 자가 돈=재물을 지닌 자보다 우위에 서야 한다.

자본주의를 무시하는 명제가 아니다. 인류가 역사 이래로 지금까지 품어온 욕망은 '물질, 즉 돈은 중요하며 필요하다'는 결론을 지지한다. 그러나 재물이 덕을 지배해선 안 된다. 신자유주의의 막장 자본주의는 자본이 자본을 낳고, 재물이 재물을 낳아 덕과 탁월함을 무시하는 결과를 도출했다. 예를 들어 탁월하고 덕도 있는 인재가 재산을 물려받은 재벌 3세 밑에서 일하는 형국은 보편적이다. 재물이 중요하고 덕은 말단이 됐다.

《대학》은 말한다. 뭐가 먼저이고 나중인지 알라고. 덕이 근본이니 재물 앞에 주눅 들지 말라고. 당신이 뭔가에 탁월하다면 그것 자체로 훌륭한 것이므로 돈이 없다고 걱정하지 말라고. 《대학》의 마음은 호모 사피엔스가 지닌 미덕인 배려와 협동의 정신 위에 조용히 안착한다.

愛之, 能勿勞乎

그를 사랑하면서, 그를 위해 힘쓰지 않을 수 있겠는가?

2
PART

《논어》의 마음

제자가 잘되면 스승은?

(계)강자는 공자를 부르려고 했다. 공지어가 말했다.
"… 그를 등용해도 끝이 좋을 수 없으니
이는 … 제후들에게 비웃음거리가 되는 것입니다."
강자가 말했다.
"그럼 누구를 부르는 것이 좋겠소?"
공지어가 말했다.
"반드시 염구를 부르십시오."
이에 사신을 보내 염구를 불렀다.

-《사기》〈공자세가〉(김원중 옮김)

공자 나이 60세. 고국인 노나라를 떠나 천하를 떠돌고 있었다. 노나라의 군주 노정공에게는 비전이 없다고 느꼈기에 공자는 이곳저곳을 돌아다니며 구직 활동을 하고 있었다. 55세에 노나라를 떠나왔으니 공자는 어느덧 취준생 6년 차였다. 그사이 노정공이 죽고 새 임금 노애공이 즉위했다.

노나라의 실권자 계환자 역시 죽고 그의 아들 계강자가 대를 이었다. 계강자가 아버지의 유지를 받들어 공자를 부르려 하자 대부 공지어가 반대했다. '주군을 버리고 야반도주한 공자 때문에 선왕인 노정공이 제후들의 비웃음거리가 됐는데 다시 그를 부른다는 것은 안 된다'는 의

견이었다. 그 대신 행정 능력이 있는 공자의 제자 염구를 부르라고 건의, 계강자가 수락한다.

진陳나라에 머물던 공자에게 노나라 사신이 당도한다. 사신은 염구의 채용을 알리고 그를 데려간다. 사마천의 《사기》〈세가〉에는 이날 공자가 상반된 모습을 보였다는 기록이 있다. 희망에 들떠 "너를 큰일에 쓰려는 모양이다" 하며 염구를 고무시키는 한편, '나도 돌아가야 하는데… 제자들은 어쩐다' 하며 횡설수설한다. 그러자 자공은 염구를 배웅하면서 이렇게 귀띔한다.

"돌아가서 잘되면 꼭 선생님을 불러."

이때 공자의 마음은 어땠을까?

중국 국영방송에서 만든 35부작 〈드라마 공자〉에 위 장면이 연출되어 있다. 멀리서 노나라 사신이 온다는 소식이 들리자 공자가 깨끗한 옷으로 갈아입는다. 공자는 분명 자기를 부르러 온 줄로 알았다. 그런데 사신은 와서 인사를 하고는 이렇게 말한다.

"선생님 제자 염구를 등용하겠다는 어명입니다."

공자는 기쁘면서도 한편으로 섭섭했다. 희망과 실망이 교차했다. 노나라에서는 왜 염구를 불렀을까? 오늘날 수준에는 미치지 못하더라도 당시에도 분명 첩보와 정보라는 것이 있었다. 계강자는 부친의 유언을 중요하게 생각하지 않았다. 처음부터 공자를 중용할 생각이 없었다. 공자는 이미 지는 해였다. 차라리 30대 초반의 행정력 있는 염구가 낫다고 판단했다.

실제 염구는 계강자에게 가신으로 발탁된 뒤, 제나라와 치른 전쟁에서 승리하고 세금 제도를 정비하는 등 공을 세웠다. 후에 그 세금 제도가 계씨 가문을 위해 백성에게 무거운 세금을 부과하는 것으로 밝혀져 공자의 질타를 받았지만 계씨 정권 유지를 위해 몇 년 동안 능력을 발휘한 것만은 사실이다.

제자가 스카우트된다는 것은 스승으로서 기쁜 일이다. 그런데 공자는 기쁘면서도 서운했다. 왜? 자기를 알아주지 않아서다. 공자는 기회 있을 때마다 토로했다.

"나를 써주기만 하면 내가 맡은 지역을 동쪽의 주나라(=이상적인 국가)로 만들 수 있는데!"《논어》〈양화〉편

세상의 모든 이가 공자에게 정치를 묻고, 궁금한 것을 문의하고, 처세와 미래에 대해 자문했으나 정작 공자에게 필요한 일자리를 주지는 않았다. 공자 나이 60세, 비록 노쇠했으나 아직 판단력이나 기억력은 쌩쌩했다. 시켜만 주면 훌륭히 일할 능력도 있었고 의욕도 있었다. 그런데 아무도 그를 고용하지 않았다. 고국에서도 그를 부르지 않았다. 공자의 마음은 참담했다.

'이제 끝인가… 나를 알아주지 않는구나.'

그랬다. 그래서 공자는 《논어》 첫머리에 이런 말을 남겼다.

사람들이 알아주지 않아도 성내지 않으면 그 또한 군자가 아닌가.
-《논어》〈학이〉편

다른 모든 경전이 그렇듯, 이 대목 역시 성인聖人이 성인에게 하는 말

이었다. 공자가 스스로에게 건넨 말이었다. 공자는 제자들에게 "사람들이 몰라줘도 너무 상처받지 말라"라고 말하면서 기실 자신을 달래고 있었다.

가족, 그 슬픈 이름

자로가 귀신을 섬기는 일에 대하여 묻자
공자께서 말씀하셨다.
"사람도 제대로 섬기지 못하는데 귀신을 섬길 수 있겠느냐?"
자로가 또 물었다.
"그럼 이번에는 감히 죽음에 대하여 여쭙겠습니다."
공자께서 말씀하셨다.
"삶도 제대로 알지 못하는데 어찌 죽음을 알겠느냐?"

-《논어》〈선진〉편

공자는 왜 제자 자로의 질문에 이렇게 삐딱하게 대답했을까? 공자가 귀신에 대해 많이 언급하지 않았다는 점, 죽음이나 사후세계에 큰 관심을 표명하지 않았다는 점 등이 해답이 될 수도 있다. 그러나 텍스트보다 중요한 것은 텍스트와 텍스트 사이 혹은 그 너머에 숨어 있다. 공자는 뭔가 자로가 탐탁지 않았던 것 같다.

자로는 공자보다 여덟 살 어렸다. 공자가 일종의 사교육 기관인 학당을 처음 열었을 때부터 함께했던 가족 같은 수제자였다. 이게 문제였다. 두 사람은 스승과 제자를 넘어서서 형-동생 같은 사이였다. 공자의 말을 못마땅해할 수 있는 제자는 오직 자로뿐이었다. 《논어》 전편에서 자로는 공자에게 무수히 혼나고, 무시당하고, 욕을 먹는다. 동시에 공자와 깊은 대화를 하고 우애를 나눈다. 가족이기 때문이다.

자공은 끝내 공자를 스승으로 모셨고 안회는 공자에게 사랑스러운 파트너였다. 그 외의 제자들은 공자의 말에 함부로 토를 달지 못했다. 이들은 24시간 함께 생활하면서 천하를 떠돌았다. 그러다보니 스승의 일거수일투족을 다 볼 수 있었다. 《논어》〈향당〉편에는 제자들이 기록한 공자의 의식주 습관, 심지어 잠자리 버릇까지 묘사되어 있다. 공자가 비록 성인이라고 하나 이런 생활은 감옥과 같았으리라. 나 역시 15년 넘게 뭔가를 가르치는데, 가족을 대할 때와 제자를 대할 때의 내 모습이 다른 것에 스스로 놀라곤 한다. 제자들 앞에서는 뭔가 좀 더 근엄하고 좀 더 참고 좀 더 숨긴다.

존경받기 위해서 인간은 어느 정도 위선으로 스스로를 보호할 때가 있다. 하지만 제자들 앞에서 유지되었던 절제의 끈이 툭 끊어지고 인간적인 모습이 드러날 때가 있다. 내 미추와 선악을 그대로 보여줘도 그 관계가 유지되는 가족 앞에서다. 누구에게나 감정의 배설구 혹은 진담의 수용처가 필요하다. 공자에게는 자로가 그런 역할을 했다.

자로 역시 공자에게 할 말 못 할 말 다 했다. 공자가 위나라에 머물 때, 남자南子가 초빙해 만나고 왔다. 임금 위영공의 부인인 남자는 스캔들에 휩싸여 있었다. "옛 애인을 궁으로 불러들여 만나곤 한다"라는 소문이 돌았다. 그런데 이걸 남편인 위영공이 허락했다는 거다. 왜? 위영공은 양성애자로 역사에 길이 남은 사람이다. 남자를 부인으로 두고 또 어리고 예쁜 남자들을 불러들였다. 그에 대한 미안함을 상쇄하려고 남자가 옛 애인 만나는 것을 묵인했다. 임금은 남자를 좋아하고 임금의 부인은 옛 남자를 만나고… 한마디로 콩가루 집안이었다.

공자는 위나라가 비록 시궁창 같다 해도 자신이 할 역할이 있다고 봤다. 게다가 남자는 위영공에게 큰 영향을 줄 위치에 있었다. 그래서 그녀를 만났다. 만나서 뭘 했는지는 알 수 없으나 뇌섹남을 좋아했던 남자가 공자에게 호감을 가졌던 것 같다. 자로는 이 모든 게 불만이었다. 그는 불만이 있으면 그대로 불만을 표현하는 성격이었다. 그게 얼마나 직설적이었으면 놀란 공자가 하늘에 대고 "나랑 남자 사이에 무슨 일이 있었으면 하늘이 날 버리시리라, 하늘이 날 버리시리라" 하고 결백을 주장하기에 이른다.

공자는 때로 자로의 눈치를 보기도 했다. 공산불요라는 인물이 반란을 일으키고 만남을 청하자 공자는 가려고 했지만 자로가 아쉬워하는 모습을 보이자 포기한다. 공자는 가끔 우직한 자로를 칭찬한다. "말 한마디로 소송에 대한 판결을 내릴 수 있는 사람은 자로일 것이다"라고 말한다.

진나라에서 양식이 떨어지고 따르던 사람들은 병이 나서 일어날 수도 없게 됐다. 자로가 화가 나서 공자를 뵙고 말했다. "군자도 이렇게 구질구질할 때가 있습니까?" 공자께서 말씀하셨다.

"군자라야 진실로 곤궁함을 견딜 수 있다. 소인은 곤궁하면 곧 함부로 행동한다."

- 《논어》 〈위령공〉 편

공자의 제자 중 스승에게 '화를 낸' 이는 자로가 유일하다. 공자와 자로가 치고받는 모습을 보면 꼭 부부 같다. 관계가 깊어지고 만남이 오래되면 서로 화도 내는 법. 어쩌면 자로라는 입체적인 캐릭터가 없었다면 《논어》와 공자의 일생 이야기는 한없이 지루했을지도 모른다.

공자가 위독했을 때, 자로가 분에 넘치는 장례를 준비한 적이 있다. 회복되고 나서 공자는 "분수를 지키라"며 자로를 크게 꾸짖었다. 여기까지는 《논어》에 기록되어 있다. 드라마 〈공자〉에는 이다음 상황을 자로가 마음이 상해 가출하는 것으로 묘사한다. 자로가 집에 돌아오지 않자 공자는 걱정한다. 며칠 뒤, 자로는 등에 사냥한 노루를 둘러메고 돌아온다. 공자가 "이 사람아, 도대체 어딜 갔다 오는 거야" 하고 물으니 자로는 아무 일 없었다는 듯 노루를 내려놓으며 말한다.

"스승님 드리려고 이걸 잡았어요. 오늘 잔치해요."

그 말을 듣고 공자는 눈시울을 붉힌다. 자로는 벌써 요리를 하러 부엌으로 들어갔다. 스승은 싱긋 웃으며 근심 어린 마음을 달랜다. 가족이란 그런 것 아닐까? 서로에게 준 상처를 다시 들추지 않는 것. 정직한 질문에 엉뚱한 대답으로 또 하나의 아픈 기억을 넘는 것. 그리고 아무 일 없다는 듯 하루의 일상을 시작하는 것.

가장 아픈 존재, 가장家長

자공이 초하루 제사에 바치는 양을 없애려고 하자
공자께서 말씀하셨다.
"사*야! 너는 양을 아끼느냐? 나는 예를 아낀다."

– 《논어》〈팔일〉편

왜 자공은 초하루 제사에 바치는 양을 아끼려 했을까? 원래 초하루 제사는 천자의 사신이 노나라에 와서 정월의 시작을 알려주는 의식이었다. 이후 매월 초하룻날 좋은 양 한 마리를 바치면서 이어졌으나 노나라의 군주도 참여하지 않아 유명무실해졌다. 자공 시대에는 그저 양만 죽이는 허례허식이 되어버렸다. 자공이 노나라 관리 노릇을 하면서 이 의식에 양 한 마리를 죽이는 순서를 없애려 했다. 아무도 신경 쓰지 않는 제사이니 그래도 무방했다. 신세대다운 발상이었다. 그러자 '지난 시대'를 상징하는 스승 공자가 한마디 했다. "라떼는 말이야… 초하루 제사 때 양고기도 먹고 송편도 만들고 만두도 빚고 다 했어."

이상은 기존 유학자들의 해석이다. 이제부터는 철저히 내 해석이다. 나는 자공에게 애정이 많다. 자로가 좌충우돌하고, 안회가 공자의

＊ 사는 자공의 원래 이름.

아바타로 침묵할 때 자공은 일과 공부를 동시에 수행했다. 공자도 언급했지만 자공은 무역을 해서 돈을 모으는 재주가 있었다. 그는 번 돈을 공자 학단을 위해 썼다. 공자가 적게는 십수 명, 많게는 백여 명의 제자를 거느리고 천하주유를 할 때 그 비용이 다 어디에서 나왔겠나? 위나라 영공 같은 이가 녹봉을 준 적도 있었으나 공자 학단의 수입은 들쭉날쭉했고 대체로 살림 꾸려나가기가 버거웠다.

이때 자공이 재정을 담당했다. 비록 돈을 잘 벌었다 하지만 물려받은 땅이 있거나 대토지를 가진 귀족이 아니었기에 자공은 수시로 일을 하러 돌아다녔다. 그가 몇 번인가 제자들의 식생활을 해결하자 나중에 이들은 자공이 당연히 자기들을 먹여 살릴 것이라고 여겼다. 자공은 어느새 가장이 되어 있었다.

가진 것 없는 가장의 제1원칙이 뭘까? 절약이다. 어린 시절, 내 선친 명묘식 선생이 입에 달고 다니던 말이 있다. "방에서 나갈 땐 불 꺼." 전기요금이 아깝다는 거였다. 당신은 집 안을 늘 어둡게 하고 살았다. 나는 그 어둠이 싫어 나중에 크면 전구를 다 켜놓고 살겠다고 마음먹기도 했다. 한 집안의 가장이 되고 나서 아이를 키우며 이사 다니다 보니 그 옛날 아버지의 심정이 이해됐다. 돈 나올 구멍 없는 사람이 살아가는 방법은 눈물겨운 검소뿐이다. 제사에 쓰는 양 한 마리라도 아끼고 싶은 심정. 그게 가장의 마음이다.

공자 선생이야 "나는 그 예를 아끼노라"라고 말 한마디 하면 그만이지만, 자공은 양 한 마리를 구해와야 한다. 그것도 크고 살진 놈으로 준비해야 한다. 오늘 당장 저녁거리가 떨어져서 제자 50여 명이 굶을

판인데 뭔 놈의 희생양이냔 말이다. 자공은 그러나 누구보다 스승을 사랑하는 사람이었다. 선생의 한마디에 그는 다시 비상금을 싸들고 가서 양을 사오곤 했다. '그래, 어차피 제사 지내고 나서 선생님도 드시고 우리도 먹으면 되지…'

《예기》〈단궁 상〉편에는 이런 이야기가 있다. 공자가 위나라에 있을 때 머물던 여관 주인이 죽어 상가에 갔다. 곡을 하고 나오면서 자공에게 "수레의 말 한 마리를 부조하라"라고 했다. 자공이 물었다. "제자 상을 당했을 때도 말을 부조한 적이 없는데 너무 과한 것 아닌가요?" 공자 시대의 말은 지금으로 치면 자동차다. 옛날 머물던 여관 주인의 장례에 차 한 대 값으로 부의를 하는 건 아무래도 심하다. 그런데 공자가 답한다.

予鄕者入而哭之 遇於一哀而出涕 予惡夫涕之無從也 小子行之
여향자입이곡지 우어일애이출체 여오부체지무종야 소자행지
"내가 아까 들어가 곡을 하다 보니 슬퍼서 눈물이 났다. 왜 그런지 모르지만 눈물이 났다. 애야, 내 말대로 하여라."

아마도 공자와 여관집 주인 사이에 어떤 추억이 있었을지도 모른다. 그 사람이 죽었다는 생각에 눈물이 펑펑 쏟아졌을지도 모른다. 그렇다고 말 한 마리를 부의로 내놓는다? 자공이 볼 때는 지나치다. 말 한 마리를 부조하고 나면 어디서 또 그 말을 구해와야 하는데 그 일은

누가 하는가? 자공이 해야 한다. 이런 걸 보면 공자는 참 모진 선생이다. 선생이 역사에 이름을 남기려면 제자 여럿이 죽어난다. 자공이 대표 사례다. "왜 그런지 모르겠는데 슬퍼~"라는 선생의 한마디에 자공은 중고차 한 대 값을 벌충해야 한다.

능력자 자공은 말을 다시 구해왔다. 스승은 그 말로 수레를 타고 다니면서 도를 논하고 인을 전파했다. 공자도 믿는 구석이 있어서 위의 상황을 연출했을 거다. 돈 잘 버는 자공이 있었기에 옛 친구 조문 가서 인심을 펑펑 썼던 거다. 아마도 자공이 없었다면 연민 넘치는 선생님 에피소드는 탄생하지 않았으리라. 그러므로 오늘날 공자 사상이 중국을 넘어 동아시아 대표 정신으로 자리 잡은 데 1등 공신은 자공이라 해도 지나친 말이 아니다. 다른 제자들이 선생님 뒤꽁무니 쫓으며 글공부를 할 때 자공은 땔감을 구하고 옷감을 들여오고 이사 갈 집을 알아봤다. 그럼에도 아이러니하게도 《논어》 전편에서 공자와 가장 수준 높은 대화를 하는 이는 자공이다. 왜?

다른 제자들은 현실과 유리된 이야기를 했지만 자공은 생활철학을 했기 때문이다. 자로가 "죽음 너머에 무엇이 있습니까?"라고 질문할 때 자공은 "훌륭한 삶은 절차탁마 아닙니까?"라고 물었다. 자하가 "세상 모든 이가 형제"라고 외칠 때 자공은 '형제 중에도 좋은 놈과 나쁜 놈이 있는 법'이라는 생각으로 이익을 따져 외교를 했다. 증자가 "학문으로 벗을 모은다"라고 할 때 자공은 그 벗들을 먹여 살렸다.

공자가 돌아가시고 나서 제자들은 삼년상을 지냈다. 상이 끝나고 모든 이가 뿔뿔이 흩어졌을 때, 자공은 홀로 스승의 무덤 옆에 움막을 짓고 3년을 더 지냈다. 선생을 잊을 수 없어서였다. 나눈 추억이 너무도 진했고, 함께한 시간이 너무도 깊었다. 몇 해 전, 나는 공자묘 옆의 자공 여묘(廬墓, 상제가 무덤 근처에 여막을 짓고 살면서 무덤을 지키는 일) 유적을 보고 울컥했다. 이유도 없이, 나도 모르게 눈물이 났다. 공자 학단의 실질적 가장 노릇을 했던 자공의 모습에 중년의 내 신세가 투영되었기 때문일지도 모른다.

세상 모든 가장의 마음이 그렇다. 자기 하나 희생해서 가족이 잘되면, 자식이 잘되면 그만이다. 자공은 늘 바쁘게 고생했지만 그의 헌신 덕분에 스승과 동료가 빛날 수 있었다. 스승은 만세의 성인이 됐고 동료들은 춘추전국시대의 각 나라로 돌아가 리더로 이름을 날렸다. 그럼 됐다.

아내의 마음, 안회

안회가 말했다.
"선생님의 도가 지극히 원대하므로
천하의 그 누구도 선생님을 받아들일 수 없습니다.
비록 그렇기는 하지만 선생님께서 추진하여 그것을 행하면
받아들여지지 않아도 무엇을 걱정하십니까?"

— 《사기세가》〈공자세가〉(김원중 옮김)

공자가 천하를 주유할 때 초나라로 가려다 진나라와 채나라 사이에서 억류당한 적이 있다. 대국 초나라에 공자 사단이 합류하면 초나라 인근의 약소국인 진나라, 채나라가 곤경을 겪을까 봐 두 나라 군사가 공자를 포위한 채 버티고 있었다. 이 때문에 공자와 제자들은 7일 동안 쫄쫄 굶었다. 하도 답답해 공자가 수제자 세 사람에게 물었다. "내가 뭘 잘못했기에 이 지경이 되었을까?" 이에 대해 자로, 자공, 안회는 그들의 성격을 드러내는 대답을 한다.

먼저 자로는 화가 나서 선생을 들이받는다.

"우리가 어질지 못하고 바보 같으니까 이렇게 된 거 아닙니까!"

공자의 대답은 이렇다.

"너 이 정도였냐? 그럼 백이·숙제 같은 위인은 어떻게 설명할 거

같으냐?"(사마천의 《사기》 〈세가〉 원문에 "有是乎, 由 유시호, 유. 너 이 정도였냐? 유야'라는 문장이 있다. 이런 걸 보면 사마천을 비롯해서 고대 중국 고전을 기록했던 사람들이 얼마나 생동감 넘치는 시나리오 작가인지 알 만하다.)

자로는 형에게 막말하는 동생 같다. 원문에는 "자로가 성난 표정으로 말했다"라고 되어 있다. 공자는 이때 자로에게 확실히 빈정이 상한다. 두 번째로 자공이 답한다.

"선생님의 도가 훌륭한 건 맞지만 아무도 알아주지 않으니 그 도의 수준을 좀 낮추시지요."

세속으로 조금 더 가까이 오라는 이야기다. 인의예지도 좋지만 시국이 춘추전국인데 언제까지 이상만 주장하고 앉아 있을 것이냐는 뜻이다. 늘 그렇듯 자공은 현실적인 제안을 한다. 그러나 공자는 수준을 낮춰 세상에 응할 생각이 눈곱만큼도 없었다. 이미 마음을 비우고 있었다. 탈속을 해서 세속을 변화시키려 했다. 불가능하지만 가능하리라는 꿈을 꾸고 있었다. 자공의 대답도 맘에 차지 않자 공자는 마지막으로 안회를 부른다.

"안회야, 도대체 내가 뭘 잘못한 거니? 응?" 안회가 대답한다.

"선생님의 도를 받아들이지 않는 국가가 잘못이지 절대 선생님 잘못이 아닙니다. 받아들여지지 않고 나서야 군자가 드러날 것입니다."

공자와 제자들의 이 현란한 언어 드리블을 보라. '받아들여지지 않아야 군자의 진면목이 세상에 드러난다'니. 거절당한 연후에야 참된 현인이 누구인지 알게 된다니. 오묘하다, 그 진리. 기묘하다, 그 언술. 안회의 말을 듣고 공자가 답한다.

"아, 안씨 가문에 너 같은 인재가 있다니, 나중에 네가 부자가 되면 난 너의 비서가 되련다."

공자에게 안회는 조용히 내조하는 아내와도 같은 존재였다. 아니, 21세기에 맞게 수정해보자. 안회는 공자에게 서로의 발전에 도움이 되는 파트너 같은 존재였다. 세상에서 가장 좋은 짝은 자극하며 발전하고 동시에 사랑하는 상대다. 안회에게 공자가, 공자에게 안회가 그랬다. 공자는 입만 열면 안회를 칭찬했다. 심지어 자공에게 "너나 나나 안회를 못 따라간다"라고 말하기까지 했다. 안회는 안회대로 "스승의 도가 하늘 같아서 우러러볼수록 높아만 진다." "쫓아가려고 욕심을 내지만 맘대로 안 된다"라고 고백한다.

발전이 사랑의 전제가 될 수는 없지만 사랑하면 그가 더 잘되길 바라는 것이 인지상정이다. 공자도 말했다.

子曰, 愛之, 能勿勞乎
자왈, 애지, 능물로호.
"그를 사랑하면서, 그를 위해 힘쓰지 않을 수 있겠는가?"

때로 돈으로 때로 힘으로 사랑을 보탤 수도 있지만 말 한마디로 사랑을 도탑게 할 수도 있다. 공자 생애에서 가장 궁핍했던 시기, 가족 같은 자로도 냉정한 자공도 심란했던 순간, 안회는 공자에게 양손 엄지손가락을 치켜세우며 "당신이 최고"라고 외쳤다. 이것이 모든 파트너가 파트너에게, 모든 커플이 서로에게 해야 할 말이다.

내 마음이 너와 같다면

공자께서 말씀하셨다.
"삼아! 나의 도는 하나로 모든 것을 꿰뚫는다."
증자가 대답했다.
"예."
공자께서 나가시자 다른 제자들이 물었다.
"무슨 말씀입니까?"
증자가 답했다.
"선생님의 도는 충서일 뿐입니다."

– 《논어》 〈이인〉편

공자에게는 뛰어난 제자들이 많았다. 사과십철, 즉 '네 가지 분야에서 뛰어난 열 명의 인물'이라고 해서 덕행, 정치, 언변, 학문 등에 안회, 자공, 자로 등을 공자가 직접 언급한 적도 있다. 증삼(증자)은 여기에 끼지도 못했는데 공자 학단의 정통성을 이어나갔다. 왜? 3대 제자만 예로들어보자. 공자의 애제자 안회는 요절했고 자로 역시 변란 중에 사망했다. 자공은 공자 사후에 여러 나라를 돌며 활약했으나 꾸준히 제자를 양성하지 못했다. 그럼 공자는 증삼을 어떻게 평가했을까? 〈선진〉편에이런 말이 나온다.

參也魯

삼야로

"삼이는 둔하구나."

선생이 보기에 둔한 제자 증삼은 공자에게 썩 좋은 평가를 받지 못했다. 아마도 IQ 150 이상 되는 멘사급 제자들이 수두룩한 가운데 증삼은 빠릿빠릿하지 못한 성격이었던 것 같다. 북송 유학자 정이천은 "증삼은 둔했기 때문에 반복하고 열심히 공부하는 수밖에 없었다"라고 해설했다. 공자가 세상을 떠난 뒤 7대 문파라 해서 제자들이 서로 일정한 세력을 형성하고 있었다. 유약이라는 제자가 잠시 공자 학파의 좌장이 된 적도 있으나 역사는 공-증-자-맹이라 해서 공자-증자-자사-맹자의 계통을 인정하고 있다. 증자의 최대 장점은 '끝까지 가는 것'으로 요즘 말로 하면 '존버'다. 소설가 이외수는 트위터에 존버에 대해 이렇게 표현했다.

"아이들이 그 뜻을 물으면 '존경받을 때까지 버티는 것'이라 대답하고 어른이 물으면 '존나 버티는 것'이라 답하라."

증자의 성격을 보여주는 단편을 살펴보자.(이하 모두 〈태백〉편)

증자가 병이 들자 문하의 제자들을 불러놓고 말하였다. "내 발을 펼쳐 보아라! 내 손을 펼쳐 보아라! 《시경》에 '벌벌 떨며 안달이네. 깊은 물속에 있는 듯, 살얼음 위를 걷듯'이라고 했다. 이 순간 이후로 내가 비로소 내 몸을 지키는 걱정에서 벗어나게 되었구나, 애들아."

증자는 인생을 '살얼음 위를 걷듯' 살았다. 위 대목은 효자인 증자가 부모에게 물려받은 신체발부를 온전히 유지했다는 안도감을 나타낸다는데 증자의 인생관이기도 하다. 죽을 때까지 죽은 것이 아니다. 우리 같은 범인은 내내 잘 살다가 말년에 인생을 망치기도 한다. 평생 진보주의자로 존경받던 사람이 수구꼴통이 된다든가, 도덕군자인 척하던 인물이 유부녀를 건드린다든가, 라면만 먹고 검소하게 살았다고 말하던 자가 뒤로는 코인 투기를 한다든가….

대통령을 수행하고 나선 외국행에서 여대생 가이드의 엉덩이를 만져 하루아침에 몰락한 자도 있다. 차기 대통령으로 거론되던 인사가 비서를 수년간 성적으로 괴롭힌 것이 드러나 감옥에 가기도 했다. 남자는… 색의 유혹을 이기기 어렵다. 부처님 정도면 모를까. 공자도 위나라 영공의 색기 어린 부인 때문에 쩔쩔매곤 했다. 증자라고 다를까. 다르지 않았기에 섹스를 비롯한 인생의 온갖 매혹 앞에서 여리박빙如履薄 *－'살얼음 위를 걷는 것과 같은'－태도를 견지했다.

증자가 말하였다. "어린 임금을 부탁할 수 있고, 한 나라의 운명을 맡길 수 있으며, 위기상황에서 그의 뜻을 빼앗을 수 없다면, 군자다운 사람인가? 군자다운 사람이다!"

증자가 추구했던 이상적 인간상 중 하나는 '어린 임금을 부탁할 수 있는 군자'였다. 수양대군 같은 자는 안 된다. 어린 임금을 부탁한다는 말은 무엇인가? 내 친구가 있다고 하자. 그가 외국으로 3년 동안 출장가야 한다. 출국하면서 자기 집과 아내를 돌봐달라고 내게 부탁한다. 가보니 천 평 대지에 백 평짜리 전원주택이다. 집에는 아름다운 부인이

혼자 살고 있다.(나는 왜 이런 예만 드나) 자, 이곳에 3년 동안 살면서 너는 너를 지킬 수 있느냐?(맡긴 친구가 잘못이라는 생각은 왜 드는 걸까?) 나보다 한참 어린 그 부인이 어느 날 훈제 연어에 소비뇽 블랑 와인을 준비하고 촛불을 켜놓은 채 한잔하자고 한다면 너는 한잔만 하고 잘 수 있느냐?(친구 부인이 잘못이라는 생각은 잘못일까?)

다음 날도 그다음 날도 친구 부인이 시스루 가운만 입고 또다시 생굴과 샤르도네로 유혹한다면 너는 "도대체 뭐 하는 겁니까? 친구 보기 부끄럽지 않습니까?" 하며 뿌리칠 수 있느냐?

증자라면 이 경우에도 거절했을 거라고 추정할 뿐이다. 평범한 이는 이렇게 말한다.

"내 손에 큰 이익이 쉽게 주어지더라도 윤리에 어긋나는 행위는 하지 않아야 한다."

증자가 말하였다. "선비는 도량이 넓고 뜻이 굳세지 않으면 안 된다. 책임은 무겁고 갈 길은 멀기 때문이다. 인仁을 자기가 짊어졌으니 또한 책임이 무겁지 않은가? 목숨이 다하여야 그칠 수 있으니 또한 갈 길이 멀지 않은가?"

보라. 증자는 그저 '목숨이 다할 때까지' 간다. 그것 하나다. 앞서 공자와 증자의 대화에서도 증자의 뜻이 드러난다. "나는 일이관지一以貫之다." 선생이 주거니 하고 "네. 충서죠." 제자가 받거니 한다. 충서란 무엇인가? 충忠은 한결같은 마음이요, 서恕는 너와 같은 마음이다. 늘 한결같이, 내 마음이 너와 같다면 더 바랄 것이 무엇인가. 책임은 무겁고 갈길은 멀지만 내게 주어진 인생길, 마음 맞는 그대와 함께라면 외롭지 않으리라.

질문 하나로 남은 역사

시각장애인인 음악 선생님 면이 뵈러 왔을 때
계단에 이르자 공자께서는 "계단입니다"라고 말씀하셨고,
자리에 이르자 공자께서는 "자리입니다"라고 말씀하셨다.
모두 앉자 공자께서는 그에게 "아무개는 여기에 있고
아무개는 저기에 있습니다"라고 일러주셨다.
면 선생이 나가자 자장이 여쭈었다.
"그렇게 하는 것이 시각장애 악사와 말씀하실 때의 도리입니까?"
공자께서 말씀하셨다.
"그렇다. 그것이 본래 앞이 보이지 않는 악사를 도와주는 도리이다."

이 대목을 나는 《논어》 최고의 에피소드로 꼽는다. 면冕은 공자의 음악 선생인데 아마도 공자 제자들에게도 칠현금(중국식 거문고)을 가르쳤던 것 같다. 면 선생이 왔을 때 공자는 안내하면서 "앞에 계단이 있습니다." "앞에 방석이 있습니다"라고 일일이 알린다. 자리에 앉자 "오른쪽에는 순서대로 안회, 자공이 앉아 있고 왼쪽에는 자유, 자장 등이 앉아 있습니다"라고 말한다. 왜? 공자는 휴머니스트였고 인의 화신이었다. 인이란 무엇인가? 사랑이다. 사랑이란 무엇인가? 상대 처지에서 생각하는 것 이상도 이하도 아니다. 필자가 2018년에 EBS 라디오 프로그램를 진행할 때 《왓칭》의 저자 김상운 선생이 초대되어 이렇게 말했다.

"사람은 누구나 마음속에 다섯 살짜리 아이가 있습니다."

이 말은 내게 충격이었다. 다섯 살짜리 아이는 어떤가? 쓰면 뱉고 달면 삼킨다. 슬프면 울고 기쁘면 웃는다. 감정을 속이지 않는다. 즉 자신을 방기하지 않는다. 순수하고 진실하다. 이 아이가 자라서 어른이 되면 순수가 더럽혀지고 진실이 흐려진다. 감정을 속이고 절제한다. 슬퍼도 울지 않고 기뻐도 웃지 않는다. 써도 삼키고 달아도 뱉는다. 그러는 사이 자신은 철저히 버려진다. 누구에 의해? 바로 자기 자신에 의해.

자기 자신이 버린 존재를 누가 거둘까? 자기 자신을 사랑하지 않는데 누가 있어 나를 사랑할까? 그러므로 우리는 우리 안에 살고 있는 다섯 살 아이를 제3자 처지에서 잘 '관찰'해야 한다. 이것이 왓칭이다. 관찰은 우리뿐 아니라 타인에게 확대될 수 있다. 내가 만나는 그의 마음 안에는 다섯 살짜리 아이가 있다. 아이 대하듯 그를 대한다면 우리 사랑은 시작된다. 우리를 바라보듯 상대를 바라볼 수 있다면 우리 사랑은 완성된다.

공자는 철저히 면 선생 처지에 섰다. 막대기 하나를 쥐고 더듬더듬 걷는 그의 처지에. 더듬이가 가기 전에 공자는 말로 알렸다. "선생님, 앞에 계단이 있으니 조심하십시오." 더듬이가 방으로 들어오자 인도자는 다시 고지한다. "전방 1미터에 방석 있음. 참고하여 앉으시기 바람." 더듬이를 내려놓고 선생이 착석하자 학생들도 앉는다. 좌석 배치가 어떻게 되더라? 묻기 전에 인도자는 말한다.

"우 1, 2, 3번은 누구누구이며 좌 1, 2, 3번은 아무개 아무개입니다."

물어볼 필요도 없다. 헤아려 알려준다. 선생은 칠현금을 꺼내고 말

한다.

"그럼 지난번 가르쳐준 대목 다시 해보자. 시작!"

합주가 시작된다. 좌 2번이 삑사리를 낸다.

"잠깐! 자장이 너 조율 다시 해라. 3번 줄 음이 너무 높다."

"아, 예. 선생님."

다시 합주한다. 이번에는 우 1번이 미스터치를 한다.

"안회야, 공부하느라고 연습 많이 못했느냐?"

"죄송합니다, 선생님. 다시 하겠습니다."

이런 식으로 수업이 진행된다. 공자는 뒤에서 안절부절못하며 제자들이 자기 선생에게 교육받는 모습을 지켜보고 있다. 아름답지 않은가?

《논어》 최고 명장면은 공자 주연에 자장 조연으로 완성된다. 스승의 행위를 보고 제자가 묻는다.

"원래 시각장애인 악사는 이렇게 대우해야 합니까?"

자장은 왜 이런 질문을 했을까? 먼저 그때까지 20년 넘게 살면서 시각장애인에게 공자처럼 하는 사람을 보지 못했기 때문이다. 공자처럼 장애의 고통을 공감하는 사람을 보지 못했으며 공자처럼 상대 처지에서 생각하는 사람을 보지 못했다. 시각장애인을 대하는 스승의 모습은 자장에게 충격이었다. 한마디로 그는 이전에도 이후에도 공자처럼 타인을 사랑하는 사람을 보지 못했다.

좋은 선생이었던 공자는 제자의 질문에 한 번도 "쓸데없는 소리" 같은 말은 하지 않았다. "그렇다. 그것이 본래 앞이 보이지 않는 악사를 도와주는 도리이다"라고 정확히 답해준다. 제자는 그 대답을 가슴에 새

긴다.

자장은 처음에는 출세에만 관심이 있고 '인하지 못하다'는 평가를 받는 사람이었다. 그러나 공자에게 배우면서 스스로 단점을 없애고 덕을 쌓는 노력을 경주해 나중에는 훌륭한 인격자가 됐다. 그런 자장이었기에 스승의 행동 하나하나에도 관심을 기울였다. 무엇보다 자장은 질문을 잘하는 제자였다. 선생이 한 일에 의문이 있으면 서슴지 않고 물었다. 그 질문 하나로 자장은 역사에 남았다. 아무리 훌륭한 멘토가 곁에 있어도 묻지 않으면 안 된다. 묻고 나서는 그에게 물들지 않으면 소용없다. 그를 섬기고 따르고 닮아야 한다. 자장처럼.

未嘗有聞其唱者也
常和人而已矣

그가 뭔가 주장하는 것은 들을 수 없고
항상 남의 말에 맞장구를 친다.

3

PART

《장자》가 주는 지혜

보이는 게 다가 아니야

신도가가 말했다.
"자신이 온전한 몸이라 하여 내 몸을 보고 비웃는 사람이 많았네.
그러나 백혼무인 선생님은 나를 19년이나 가르쳐주셨지만
한 번도 내 발이 하나인 것에 대해 말하신 적도 없고 아는 척하신 적도 없네.
그런데 자네는 그 선생님 아래서 스스로 재상인 것을 내세우는가?
자네와 나는 몸 안에 무엇을 배워 넣을지를 배우고 있는데
자네는 아직 몸 밖으로 보이는 것에 신경을 쓰니 이건 잘못된 일 아닌가?"
자산이 부끄러워하며 잘못을 빌었다.

-《장자》〈덕충부〉

장자는 뛰어난 이야기꾼으로 실존 인물과 가상 인물을 섞어 허구의
스토리를 만들어냈다. 이 에피소드에는 정나라 재상 자산, 발 잘린 전
과자 신도가 그리고 백혼무인 선생이 등장한다.

자산은 어진 재상으로 알려진 역사상의 인물이다. 장자는 책 속에
서 공자, 자산처럼 실제로는 훌륭하다고 알려진 사람들을 단점 많은 인
간으로 묘사한다. 세상에 완벽한 인간은 없기에 장자의 의도는 적확하
다. 아마도 21세기를 사는 현대인이 장자 같은 생각을 한다면 허물 있
는 교주를 신처럼 따르는 사이비 종교는 발붙이지 못하리라.

자산과 신도가는 백혼무인의 제자다. 어느 날 두 사람이 나란히 앉

게 되었는데 문득 자산은 '다리 장애인과 같이 앉게 되다니' 하는 생각
이 들어 신도가에게 말한다.

"내가 먼저 오면 자네가 나가고, 자네가 먼저 오면 내가 나가겠네."

다음 날 다시 나란히 앉게 되자 자산이 말했다.

"내가 어제 말하지 않았나? 나는 자네 같은 사람과 같이 배울 수 없
다고. 자네는 그 꼴을 하고 나 같은 재상 옆에 앉아 있으려 하나?"

여기에 대해 신도가는 "백혼무인 선생의 제자로 뭘 배웠냐"며 자산
을 꾸짖는다. 백혼무인伯昏無人이란 '드러날 백, 흐릿할 혼, 없을 무, 사람
인'으로 드러난 것이나 흐릿한 것이나 모두 무라는 의미다. 한마디로
백 선생은 세속의 구분에 연연하지 않는 인물이었다. 이런 선생 아래서
배운 자산은 가진 것도 많고 지위도 높은 자였다. 신도가는 죄를 지어
발이 잘린 사람으로 겉보기에도 흠이 있고 속으로도 과오를 지닌 사람
이었다.

백혼무인 선생은 그러나 19년 동안 신도가를 가르치면서 단 한 번
도 "넌 왜 발이 잘렸냐" "죄는 왜 지었냐" "왜 이 꼴로 사느냐"라고 물
어보지 않았다.

내가 존경하는 K 선생님을 30년 가까이 지켜보면서 느낀 것인데,
그분은 한 번도 찾아오는 손님에게 "왜 머리를 길렀냐" "왜 얼굴이 그
렇게 됐냐" "왜 살이 쪘느냐" 같은 말을 한 적이 없다. 외모에 대해선
아예 언급하지 않는다. 다만 어디를 다쳐 기브스를 하고 오거나 그럴
때만 물으신다.

색즉시공! 보이는 것이 곧 비어 있는 것이라는 불교의 진리를 K 선

생도, 백혼무인도 체득하고 있는 것 아닐까? 하지만 자산은 그렇지 못했다. 보이는 것이 전부였다. 색즉시색이며 백혼유인이었다. 그래서 신도가를 기피했다. 신도가는 어떤 사람이었나? 겉모양으로 사람을 판단하지 않겠다는 의지를 지니고 있었다. 결국 이 이야기는 세속의 왕 자산이 마음의 왕 신도가에게 1패 당하는 내용이다.

《장자》에는 또 이런 이야기가 있다.

위나라에 애태타라는 사람이 있었다. 그는 등이 낙타처럼 굽어 너무 흉하고 얼굴은 못생겼으나 누구라도 그와 한 번이라도 같이 있어 본 남자는 그에게 "제발 떠나지 말라"라고 했다. 누구라도 그와 한 번이라도 같이 있어 본 여자는 "제발 나와 결혼해달라"라며 매달렸다. 애태타는 재산도 없고 권력도 없다. 말을 썩 잘하는 것도 아니다. 그런데도 사람들이 그를 믿고, 아무런 업적을 세우지 않아도 그를 사랑한다. 왜?

장자는 외모보다 성품이 중요하다는 말을 하고 싶었던 것 같다. 그럼 도대체 애태타에게 어떤 매력이 있었을까? 잠시 현대로 돌아와 보자. 2020년 벽두에 트랜스젠더 A씨의 숙명여대 입학을 두고 시끄러웠다. 숙대에서는 합격시켰으나 일부 숙대 재학생, 졸업생이 반대해 A씨는 결국 입학을 포기하고 말았다. A씨는 "입학에 반대하는 움직임을 보면서 무서운 느낌이 들었다. 내 삶이 다른 사람의 일상 속에서 끊임없이 무시되고 반대당한다. 내 희망조차 허락하지 않겠다는 그들의 언행이 두려웠다"라고 고백했다.

육체적 기관도 겉으로 보이는 것에 불과하다. A씨는 자신의 정체성을 여성으로 인식했고 이 때문에 성전환 수술로 자신을 찾았다. 알고 보면 자아를 포함한 세계는 실재하는 것이 아니라 우리가 믿는 그 무엇이다. 최근의 한 물리학 이론에 따르면 우주조차 인간이 의식하기에 유의미하다. 우주도 그러하거늘 한 개인의 성 정체성은 어떠하겠는가? 그가 인식하는 것이 그다.

나는 남성으로 태어났으나 내 성을 스스로 선택한 것은 아니다. 본디 주어진 것으로 여기고 살아왔다. A씨 역시 자신의 성을 선택하지 않았으되 본디 주어진 것을 바꾸고자 했다. 본디 주어진 것을 가진 나는 바꾸고자 한 그를 배척해야 할까? 가지고 갖지 않고보다 중요한 것은 가지고 갖지 않음을 의심했는가 아닌가다. 그는 의심했고 숙고했으며 실행했으므로 본디 주어진 것–육체를 가졌으나 가장 중요한 것–, 정신을 갖지 않은 우리 중 그 누구보다 훌륭하다.

그렇다면《장자》에 등장하는 추남 애태타의 미덕은 무엇일까? 고전 원문은 애태타에 대해 이렇게 표현한다.

未嘗有聞其唱者也 常和人而已矣
미상유문기창자야 상화인이이의
"그가 뭔가 주장하는 것은 들을 수 없고 항상 남의 말에 맞장구를 친다."

애태타의 비밀은 경청이었다.

멀리 가려면 비워라

성질 급한 이가 배를 타고 강을 건너다 뭔가와 쿵! 하고 부딪쳤다.
뒤를 돌아보니 어디선가 빈 배가 떠내려와 부딪힌 것이었다.
그러자 그는 조용히 다시 자리에 앉아 노를 저었다.
얼마를 가다 또 다른 배와 부딪쳤는데 그 배에는 사람이 타고 있었다.
성질 급한 이는 상대에게 비켜 가라고 소리치고 화를 냈다.
그가 처음에는 화를 내지 않았는데 나중에는 화를 낸 까닭은 무엇인가?
앞의 배에는 사람이 없었고 뒤의 배에는 사람이 타고 있었기 때문이다.

사람이 모두 자기를 비우고 인생의 강을 흘러간다면
누가 그를 해칠 수 있겠는가?

– 《장자》 〈산목〉

장자 최고의 명문장 중 하나다. 나는 얼마 전 절친을 충남 공주의 한 수목장에 묻고 돌아왔다. 100세 시대에 54세는 세상을 떠나기엔 너무 이른 나이다. 친구가 숨을 거두기 한 달 전부터 몇 번 병문안을 갔고, 며칠 전에도 얼굴을 봤기에 이 죽음을 아직은 받아들이기 어렵다. 내겐 형제 같은 이였고 늘 그리운 상대였으며 청소년기부터 40년 가까이 우정을 나눈 사이였다. 장례식장에 들어가 영정을 보는 순간, 나는 허물어졌다. 침잠이라 했던가. 가라앉고 싶었다. 물속으로 바닷속으로 심연으로. 하염없이 눈물이 났다.

친구는 죽기 불과 두어 달 전까지 지방을 돌아다니며 열심히 일했다. 가장으로서 사업 실패의 아픔을 딛고 다시 일어서려고 발버둥 쳤다. 그러면서도 늘 웃음을 잃지 않았다. 그 사정을 너무도 잘 알기에, 나도 그처럼 애쓰며 살았기에 그의 모습에 내가 투영되었다. 아, 이렇게 허무하게 가는구나. 친구의 죽음이 실감 나지 않았다.

친구는 갔다. 나는 아직 살아 있고. 때가 되면 배가 고프고 화장실도 가고 일도 한다. 슬픔이 아직 가시지 않았는데 밥벌이를 해야 한다. 죽으면 배도 고프지 않겠지. 술 생각도 없겠지. 성욕도 사라지겠지. 숨을 거두는 순간, 우리를 지배했던 온갖 분노도 증오도 사라지겠지.

친구 상을 당할 무렵 나는 또 다른 일로 거대한 우울감에 사로잡혀 있었다. 언제까지 내 곁에 있을 것 같았던 동료 한 사람이 보란 듯이 날 배신하고 제 갈 길을 찾아갔다. 오랜 세월 함께 준비했던 프로젝트가 무르익을 무렵이었고, 곧 결실을 볼 참이었다. 그는 나를 속이고 약속을 어겼다. 자신의 이익과 만족을 위해 문자 하나로 결별을 통보하고 가버렸다. 허무했다. 그러던 차에 절친의 부고를 들었으니 내 마음이 어땠겠나. 거센 불처럼 뜨거워져 스스로 태우고 있었다.

상가에서 실컷 울고 나서, 화장장의 연로 속으로 들어가는 그의 관을 보며 눈물을 쏟고 나서, 한 그루 잘생긴 소나무 곁에 그이의 유골을 묻으며 또 훌쩍이고 나서 배신감이 조금은 사라지는 것을 느꼈다. 마음은 단순하여 한 번에 하나의 감정만 수용한다. 슬픔이 자리 잡자 증오가 물러났다. 그리움이 생성되니 복수심이 수그러들었다. 새 아픔이 오랜 아픔을 밀어냈다. 그것이 세상의 이치요 우주의 섭리 아니겠나. 마음도 그 원칙에서 벗어날 수 없지 않겠나.

장자는 빈 배의 메타포로 우리 몸과 마음의 관계를 아름답게 표현한다. 마음을 비우고 가라. 네 몸이 배라면 가벼워야 한다. 무거운 짐을 잔뜩 싣고는 멀리 가지 못한다. 네 몸에 미움과 집착과 욕망을 가득 얹고 허덕이지 마라. 조금 비우면 조금 자유로워지고 많이 비우면 많이 자유로워지고 다 비우면 온전히 자유로워진다. 빈 배가 되면, 아무도 너에게 대적하지 못한다. 아니, 대적하지 않는다. 그때 비로소 너는 인생의 강을 조용히, 가볍게 흘러 멀리 갈 수 있다.

절친의 장지에서 만난 한 후배는 이렇게 말했다. "제게 참 많이 베풀어주셨어요. 친형보다 더 형 같은 분이었죠."

내가 장지까지 간 이유도 마찬가지다. 살면서 그 친구는 내게 많이 베풀었다. 내가 그에게 준 것보다 그가 내게 준 게 더 많다. 그런데 알고 보면 그가 내게 준 것은 돈이나 물질이 아니었다. 그의 시간과 정성, 무엇보다 마음이었다. 내 전화를 늘 반갑게 받고, 내 말을 늘 귀 기울여 듣고, 내가 어려울 때 누구보다 먼저 달려와 준 그 마음 하나였다.

마음은 단순하나 무궁하다. 우주에 존재하는 수많은 것 중 오직 사람의 마음만이 비울수록 채워지고 나눌수록 풍성해진다. 남은 생애 동안 나도 곁의 사람들에게 내 가난한 마음을 더 많이 베풀어야겠다.

자기만의 왕국

"우물 안 개구리에게 바다 이야기를 할 수 없는 것 아니겠습니까?
좁은 공간에 사는데.
여름벌레에게 얼음 이야기를 할 수 있습니까?
계절에 얽매 있는데."

- 《장자》〈추수〉

2020년 3월, 신천지 이만희 교주가 텔레비전에 나와 코로나바이러스 사태에 대해 사과문을 발표했다. 잘 들리지 않는지 측근이 그의 귀에 입을 바싹 대고 이야기한다. 버럭 화를 내는 모습을 보이다가 두 번이나 절을 하며 사죄한다. 말투도 어눌하고 어벙한 게 치매 초기의 동네 할아버지처럼 보인다. 늙고 지친 표정이다.

그런데 사과문 발표 일주일 전에 그가 했다는 신천지 예배 당시의 설교 동영상을 보면 전혀 딴판이다. 힘이 넘치고 카리스마가 작렬한다. 신도들을 향해 호통을 치고 어르고 달랜다. 밀당의 천재다. 한마디로 사과문 발표 당시의 모습은 국민에게 싸구려 동정을 얻으려는 술책에 불과했다. '나 이렇게 불쌍한 노인이오. 한번 봐주소. 나를 영생하는 구세주로 여기는 30만의 표가 있소.' 심지어 그는 박근혜 시계를 차고 나왔는데 이 역시 고도의 전략적 행위였다. 수구 정치인들에게 보내는 암

호이자 메시지였다.

이만희는 그만의 왕국에서 군림한다. 우물 안 개구리지만 꽤 큰 우물이다. 모든 사이비 종교 교주는 저만의 우물에서 안식한다. 자기만의 우물 속에서 시끄럽게 울어댄다. "내가 최고, 너희는 나에게 복종하라."

신천지 기사를 찾다 보니 그들의 포섭 방식에 주목하게 됐다. 스파이 영화를 방불케 하는 신천지 전도 방식은 혀를 내두를 정도다. 거짓과 모략이 난무하는 거대한 몰래카메라 해프닝과도 같다. 문제는 이런 사기에 사람들이 속아 넘어간다는 것. 그 이유는 단 하나, 다음과 같은 달콤한 속삭임 때문이다.

"힘든 거 있으면 언제든 이야기해요."

신천지는 새로운 전도 대상자를 열매라 하고, 전도를 진행하는 사람을 인도자라고 한다. 열매가 흔들릴 때, 인도자가 제일 많이 하는 말이 "힘들 땐 언제든 이야기하라"라는 멘트다. 이때 바람잡이 역할을 하는 이를 잎사귀라고 하는데 인도자가 위의 대사를 하면 잎사귀는 파르르 떨며 열매를 부추긴다.

"그래요. 나도 힘들 때 이 언니가 도와줬어요. 뭐든 마음 터놓고 이야기해요."

누구나 듣고 싶어 하지만 아무도 해주지 않는 한마디. 그야말로 꿀 같은 유혹이다. 이쯤 되면 이만희는 하루하루 힘겹게 살아가지만 소통이 없어 답답해하는 현대인의 심리를 꿰뚫어봤다고 할 수밖에 없다.

"나 힘들어"라고 할 때 누가 있어 내 말을 들어줄까? 사회에서 만나는 사람 열 중 아홉은 나에게 관심이 없다. 나머지 한 사람은 속으로

'잘됐네'라고 생각한다. 소통 부재의 21세기를 우리는 살고 있다. 만약 누군가 "힘들 땐 언제든 말해"라고 한다면 우리는 그에게 넘어갈 수밖에 없다. 그대가 곁에 있는 사람에게 "힘들 땐 언제든 말해"라고 자주 말하지 않는다면 그는 언젠가 신천지 추수꾼(기성 교회에 잠입하여 전도하는 이)이 되어 나타날지 모른다.

《장자》는 탁월한 심리학 교과서다. 장자가 말하는 '정저와井底蛙 – 우물 안 개구리'는 마음을 상징한다. 우리의 마음은 물과 같아서 틀을 따른다. 큰 틀을 만나면 커지고 작은 틀을 만나면 작아진다. 좁은 우물 안에 갇혀 있으면 좁은 하늘만 보게 되고, 넓은 바다 한가운데 놓이면 넓은 하늘을 마주하게 된다. 큰 시각을 가지려면 우리 마음을 넓은 바다로 먼저 옮겨놓아야 한다. 어떻게?

장자는 현대 뇌과학을 예견했나 보다. 현재 밝혀진 바로는 뇌는 인지를 실제로 받아들인다. 행복해서 웃는 게 아니라 웃으면 행복하다고 느낀다. '나는 멋있다'고 생각하면 뇌는 내 현실과 무관하게 그렇게 받아들인다. 예쁘니까 예쁘다고 생각하는 게 아니라 예쁘다고 생각하면 예쁜 거다. 그가 사랑스러워서 사랑한다고 말하는 게 아니라, 사랑한다고 말하면 그가 사랑스러워진다.(대부분 부부가 실제로 이렇게 자기 최면을 건다.)

이게 바로 마음을 넓은 틀로 옮기는 방법이다. "어떻게 그런 일이!"라고 하지 말고 "그럴 수도 있다"라고 생각한다. 틀린 게 아니라 다른 것이라고 여긴다. 세상에는 80억의 인간이 있고 그만큼 다양한 삶이 있으며 그 하나하나가 모두 존중받아 마땅하다고 믿는다. 이렇게 열린 사고를 하게 되면 스트레스받는 일이 적어지고 그만큼 더 많은 마음의 평화가 찾아온다.

매일경제신문을 창간한 고 정진기 사장의 평전을 보면 젊은 시절 이야기가 나온다. 1950년대 말 그는 지방지 기자로 정부 기관에 출입했는데 당시에는 행정부처에 '중앙지 기자실'과 '지방지 기자실'이 따로 있어서 지방지 기자들은 중앙지 기자실에 출입할 수 없었다. 한 번은 그가 중앙지 기자실에 지인을 만나러 갔다가 "지방지 기자가 어딜 함부로 들어오느냐"는 소리를 듣기도 했다. 그게 뭐라고.(정진기 사장은 이때 겸손하게 응대해서 모욕을 준 사람을 친구로 만들었단다.)

중앙지 기자가 무슨 벼슬이라고 그런 차별을 만들었을까. 우리 말에 '상놈은 나이가 벼슬'이란 말이 있다. 내세울 게 없는 자는 나이 먹은 걸로 위세를 부린다. 한국인은 뭐든 좀 다른 게 있으면 그걸 내세우고 우월한 척하길 좋아한다. 나이 많다고, 입사를 먼저 했다고, 군대 고참이라고, 돈이 많다고, 강남 산다고, 아파트 평수 넓다고…. 어쩌면 그건 서열이 전부인 생명체의 특징일지도 모른다.

조던 피터슨은 《12가지 인생의 법칙》에서 바닷가재가 어떤 식으로 서열을 정하고 그것에 따르는지를 설명한다. 서열화가 3억 5천만 년을 이어온 가재들의 생존방식이라면서. 그러나 우리가 집게발을 높이 들고 오로지 짝짓기와 알까기에 목숨을 걸 수는 없지 않은가. 나이든, 지역이든, 인종이든 틀에 갇히면 우리 마음이 좁아지고 그 좁아진 만큼 삶은 저열해진다. 행복을 원한다면 틀부터 부숴라.

모든 사물에는 유효기간이 있다

큰 지혜를 가진 사람은 무엇을 얻었다고 기뻐하지 않고
잃었다고 근심하지 않는다.
사물에도 운명이 있어 내게 속할 때가 있고
사라질 때가 있다는 것을 알기 때문이다.

-《장자》〈추수〉

〈전도서〉에 비슷한 구절이 있다.

"찾을 때가 있고 잃을 때가 있으며 지킬 때가 있고 버릴 때가 있으며… 사랑할 때가 있고 미워할 때가 있으며 전쟁할 때가 있고 평화할 때가 있느니라."

그리스 비극《타우리케의 이피게네이아》에는 이런 대사가 있다.

"운명 앞에는 신들도 복종해야 하는 법이다."

신들도 복종해야 한다면 인간이야 말해 무엇 하랴. 인간이 신보다 좋은 점은, 신은 그 운명의 아픔을 영원히 간직해야 하지만, 인간은 언젠가는 그 아픔을 잊게 된다는 것이다. 살면서 '이건 절대 잊을 수 없는 상처다'라고 생각되는 것도 시간이 지나면서 아물고, 영원할 것 같은 트라우마도 숨이 멈추면서 그친다. 얼마나 다행인가.

상실의 아픔은 영혼을 병들게 한다. 작게는 새로 산 자전거를 도난 당하는 일부터 크게는 사랑하는 사람의 죽음에 이르기까지 우리는 수많은 상처를 안고 살아간다. 신용카드가 든 지갑이나 스마트폰을 잃어버리면 이내 멘붕에 빠진다. 다시 구입하고 예전처럼 되려면 최소한 2~3일이 소요된다. 부모상을 당하거나 이혼하는 아픔은 가장 큰 충격에 해당한다. 짧게는 수개월에서 길게는 몇 년이 지나야 그 충격에서 벗어난다. 심리학적으로는 자식을 잃는 슬픔을 가장 큰 괴로움으로 여긴다. 생각하기도 싫은 상처다.

얻었다고 기뻐하지 말고 잃었다고 슬퍼하지 말라. 장자는 이렇게 말하지만 뒤집어 보면 얻어서 기뻐하고 잃어서 슬퍼하는 게 인간이다. 장자는 인간의 한계를 늘 직시했다. 장자 역시 인간이어서 뭔가를 얻으면 기뻐했고 잃으면 슬퍼했다. 그렇지 않다면 우리는 좀비일 뿐이다. 기쁨과 슬픔을 느끼지 못한다면 사람인가. 나는 이 문장을 이렇게 고쳐써야 한다고 본다.

"무엇을 얻었다고 지나치게 기뻐하지 않고 잃었다고 지나치게 근심하지 않는다."

이것이 아마도 중용이리라. 사랑하는 사람이 다른 사람이 더 좋다고 떠나는데 쿨하게 "잘 가~"라고 말하고 바로 일상생활을 할 수 있다면 그게 사람인가. 부모님이 돌아가셨는데 눈물 한 방울 흘리지 않는다면 그게 사람인가. 내가 운영하는 점포가 불탔는데 '사물은 내게 속하고 사라질 때가 있어' 하고 만다면 그게 제정신인가.

실연당하면 세상이 끝난 듯 무너지는 게 사람이다. 부모님이 돌아가시면 그 은혜를 생각하며 통곡하는 게 사람이다. 일구어놓은 사업이 하루아침에 폭망했을 때 다 포기하고 싶은 게 사람이고 빚 독촉을 받으면 괴로워 죽고 싶은 게 사람이다. 억울한 일을 당했을 때 목이 터져라 호소하고 싶은 게 사람이다.

그러므로 잃으면 슬프고 얻으면 기쁜 건 당연하다. 다만, 큰 시각에서 보면 잃은 것이 돌아오고 얻은 것이 사라진다. 우주의 시간 속에서 보면, 그 어떤 사물이 또는 사람이 우리에게 속해 있던 시간은 너무도 짧다. 짧지만 길고 단속적이지만 영속적이다.

부친이 폐암 말기 선고를 받았을 때, 의사들은 5%의 가능성을 이야기하며 5년 정도 사실 수 있다고 했다. 나머지 95%는 길어야 5개월이란다. 나와 우리 가족은 그 5%에 희망을 걸었다. 첫 항암 치료 결과가 좋게 나왔을 때 우리의 희망은 환호로 바뀌었다. 그러나 부친은 4개월 남짓 버티다 돌아가셨다. 그분을 보내던 때를 생각하면 지금도 팔다리에 힘이 빠지고 눈물이 난다. 나 홀로 마주한 임종 때 부친에게 사랑한다는 말 한마디 못 건네고 보내드린 걸 생각하면 통한이 맺힌다.

벌써 10년 전 이야기다. 부친은 72세에 돌아가셨다. 그때는 참 안타깝고 억울했다. 다른 부모님들은 80, 90까지 잘 사시는데 왜 우리 아버지만 70대 초반에 생을 마감하시느냔 말이다. 친구 아버님은 88세까지 매일 운동하면서 단 하루도 아프지 않으셨을 뿐 아니라 주무시다 돌아가셨다. 그런 분에 비하면 너무 원통하지 않나.

하지만 어쩌겠나. 72년이 우리 아버지 명묘식 선생에게 주어진 시간이라면. 그 시간 동안 싹이 트고 자라고 열매 맺고 또 시들어야 한다면. 그 일흔두 해가 나도 아버지도 어머니도 대한민국 최고의 명의도 어찌할 수 없는 절대 시간이라면. 생각해보라. 우리가 애쓴다고 3월에 필 진달래를 1월에 피게 할 수 있나. 봄비에 뚝뚝 떨어지는 목련을 가을까지 버티게 할 수 있나. 가는 봄을 붙잡을 수 있으며 오는 겨울을 막을 수 있나. 보름이 좋다고 매일 둥근 달을 볼 수 있으며 초승달이 어여쁘다고 부풀지 않게 할 수 있나. 낮이 좋다고 1초나마 해를 늘릴 수 있으며 밤이 싫다고 떠오르는 달을 붙잡아 매어놓을 수 있느냐 말이다.

해도 달도 별도 길가에 피는 이름 모를 풀꽃도 다 제게 주어진 시간이 있다. 하루살이에게도 기한이 있기에 우리가 보기에는 하찮아도 제 스케줄에 따라 바삐 움직이고 사랑하고 번식하고 죽는다. 그것이 운명이다. 이 운명은 신도 바꿀 수 없다.

그러니 너 자전거 도둑맞은 자여. 처음 샀을 때를 생각해보라. 이제 자전거가 떠날 때가 됐을 뿐이니 너무 안타까워 마라. 너 실연자여. 그를 처음 만났을 때를 생각해보라. 이제 그가 떠날 때가 됐을 뿐이니 너무 서러워 마라. 너 상주喪主여. 그가 너를 아끼고 사랑했던 때를 생각해보라. 이제 그가 떠날 시간이 됐을 뿐이니 너무 슬퍼하지 마라. 모든 것에는 때가 있다. 그것이 운명이다.

마음이여 바람이여

우리 마음이 수시로 변하니 어째서인가?

이 모든 것을 좌우하는 것은 무엇인가?

우리 삶은 달리는 말과 같다.

죽을 때까지 일해도 보람이 없고

일에 쫓겨 바쁘게 지내다 지쳐 버린다.

애처롭지 않은가?

사람의 삶이란 원래 이렇게 엉망진창인가?

- 《장자》〈제물론〉

장자는 지금부터 2,300년 전 사람이다. 그때도 바빴을까? 장자가 살았던 전국 시기는 철기시대가 시작됐지만 청동기 문화가 여전히 남아 있는 농경사회였다. 오늘날처럼 분초 단위로 쪼개어 살지 않았을 텐데 뭐가 그리 바빴을까?

장자가 살던 시대 사람이 되어 생각해보자. 만약 다음 주 수요일 오후 7시에 모일 일이 있고 열 명에게 이를 전해야 한다면? 지금은 카카오 단톡방에 공지를 올리면 그만이다. 공지 올리는 시간은 3분이면 된다. 2,300년 전에는 어땠을까? 열 명의 집에 일일이 찾아가야 한다. 잘하면 하루에 끝나지만 먼 곳에 사는 사람이 있다면 이틀이 걸릴지도 모른다. 그렇게 생각하면 또 바쁘기도 했겠다.

법정 스님은 《스스로 행복하라》라는 책에서 말했다.

"허구한 날 되풀이되는 따분한 일상에서 벗어나고 싶을 때면 어디론가 홀쩍 바람처럼 떠나고 싶은 마음이 든다."

근심 걱정을 없애는 가장 좋은 방법은 자연을 벗하는 것인데, 꽃 가까이 가면 꽃처럼 되고 나무 가까이 가면 '나무의 체온'을 느낀다는 이야기다.

장자는 우리 마음이 수시로 변하는 이유가 우리가 바쁘게 살기 때문이라고 못 박는다. 바쁘게 지내다 지쳐 죽는 게 인생이라고. 삶이란 원래 이렇게 엉망진창이라고. 성인 장자의 절규가 들리는 듯하다. 만약 이때 장자 곁에 애인이 있었다면 어땠을까? 이따위 구절을 쓰는 대신 사랑을 나누었겠지. 삶은 아름답다고 노래했겠지.

마음이 수시로 변하며 우리를 괴롭히는 이유는 우리가 바쁘기 때문인데 그것도 보람 없는 일에 바쁘기 때문이다. 그럼 어떤 게 보람 있는 일인가? 《장자》의 한 구절을 빌려보자.

늪에 사는 꿩은 곡식 한 알을 주워 먹기 위해 열 번을 뛰고
물 한 모금을 마시기 위해 백 번을 뛴다.
하지만 원하는 것이 다 있다 하여 닭장에 갇히길 원하지는 않는다.
차라리 자유로이 날며 스스로 양식을 구하려 한다.
−《장자》〈양생주〉

남을 위한 일은 보람 없고 나를 위한 일은 보람 있다. 부처는 자등명自燈明이라 했다. "누구에게 의지할 생각 말고 스스로를 등불로 삼아 의지하라." 자신에서 출발해서 자신으로 귀결하란 말씀이다. '남을 위한 일'이란 닭장에 갇힌 닭이 하는 일이다. 닭은 주인이 주는 모이를 먹고 달걀을 낳는다. 달걀은 오로지 주인에게 돌아간다. 닭은 뛰지도 날지도 않는다. 평생 남을 위한 일만 하다 죽어서도 남에게 먹힌다.

꿩은 어떤가? 생존을 위해 열 번을 뛰고 백 번을 난다. 굶어 죽을 수도 있다. 그러나 절대로 남을 위한 노동에 자신을 가두지 않는다. 자유로이 날며 스스로 양식을 구한다.

현대 자본주의 사회는 돈 없이는 살 수 없는 세상이다. 회사나 조직 없이도 살 수 없다. 모두 사표를 내고 프리랜서가 되라는 말이 아니다. 쉼 없이 정진하며 스스로 살펴야 한다는 말이다. 우리가 남을 생각하는 것만큼 나를 돌본다면 지금보다 더 많이 행복해질 수 있다.

나도 법정 스님처럼 어디론가 훌쩍 떠나고 싶을 때가 있다. 예전에는 배낭 하나 메고 치악산으로, 한라산으로 달려가 텐트를 치고 홀로 밤을 지새우기도 했다. 지금도 가끔 제주도로 날아가 올레길을 걷곤 한다. 장자에 따르면 마음이 수시로 변하는 것은 일상이 번잡하기 때문이다. 만약 일상과 번잡함에서 동시에 벗어난다면 마음이 고요할 수 있지 않을까? 바쁜 업무를 잠시 미루어 두고 산을 오르거나 낚시를 가거나 둘레길을 걷는 이유는 마음의 평화를 찾기 위해서 아니겠나.

그런데 아무리 산을 오르고 자연을 벗하고 산티아고 순례길을 걸어도 21세기 신자유주의 세상에 대한민국에서 산다는 건 쉬운 일이 아니다. 현대인의 마음이 쉽게 멍드는 이유는 남과 비교할 일이 많아서다.

춥고 배고픈 20대 시절, 압구정동에 사는 선배를 만나러 고센이란 카페에 들어섰을 때 주눅이 들었다. 와, 이렇게 화려한 곳이 있구나. 커피를 마시는 이들이 다들 모델 같았다. 아르바이트하며 학비를 벌던 나는 한 잔에 수천 원 하던 커피를 아무렇지도 않게 마시는 이들이 별천지에 사는 사람 같았다. 그때 내 마음은 혼란스러웠다.

'내가 몇 시간씩 일해서 버는 돈을 차 한 잔으로 마셔 버리는 사람들이 있는데 나는 뭔가.'

20대 반지하에 살던 시절, 주변에 아파트 단지가 있었다. 그걸 올려다보며 생각했다.

'저 많은 아파트 중에 어떻게 내 집 하나 없나.'

아파트를 사고 나니 근사한 전원주택에 살고 싶어졌다. 30대 때 중고차를 하나 사서 몰고 다닐 때는 외제차만 눈에 들어왔다.

'좋고 비싼 차가 저렇게 많은데 나는 뭔가.'

오늘 나는 10년 만에 부동산 투자로 30억 원을 벌었다는 이를 만났다. 또 좌절한다. 나는 뭐 했나 싶다. 이렇게 남과 비교하며 우울해질 때 장자가 또 날 위로한다.

외발인 기☀는 노래기를 부러워하고
노래기는 뱀을 부러워한다.
뱀은 바람을 부러워하고 바람은 마음을 부러워한다.
  -《장자》〈추수〉

전설상의 동물 기夔는 발이 하나, 외발이다. 그가 노래기에게 "너는 발이 많아서 좋겠다"라고 말하니 노래기는 "발이 너무 많아 싫다. 차라리 발 없는 뱀이 부럽다"라고 한다. 뱀이 그 말을 듣고 "내가 부럽다고? 나는 배를 땅바닥에 대고 다니잖아. 어디든 획 하고 갈 수 있는 바람이 되고프다"라고 한다. 바람이 그 말을 듣고 말한다. "모르는 소리. 내가 비록 큰 나무와 집을 날려 버리고 사람의 몸까지 날려 버리지만 누군가 굳은 마음 하나를 갖고 있다면 그건 날려 버릴 수 없어. 나는 마음이 부러워."

아하! 비교는 끝이 없구나. 돈 많은 사람이 부럽다지만, 억만금의 재산을 가지고 매일 병상에 누워 있는 부자가 부러울까? 좋은 차를 모는 사람이 부럽다지만, 끼어들기를 하면서 매너 없는 차주가 부러울까? 넓은 집 가진 사람이 부럽다지만, 소리소리 지르는 아내 혹은 폭력 남편과 백 평의 집에 산들 부러울까?

장자는 돌고 돌아 굳은 마음 하나 가진 사람이 제일 부럽다고 했다. 비교는 그만! 내가 가진 걸 감사하고 곁에 있는 이를 사랑하고 처음 그 마음을 다시 다잡아야겠다.

二人 同心 其利 斷金
同心 之言 其臭 如蘭

두 사람의 마음이 같으면 그 날카로움이 쇠도 끊고
같은 맘으로 하는 말은 그 향기가 난초와 같다.

4
PART

《한비자》가 전하는 말

부부 일심동체?

위나라의 부부가 기도하러 갔는데 부인이 말했다.
"저희가 베 백 필을 공짜로 얻게 해주십시오."
남편이 물었다.
"왜 그것밖에 바라지 않소?"
"이보다 많으면 당신이 첩을 얻을 테니까요."

- 《한비자》〈내저설〉하편

부부 일심동체는 불가능할까? 아니, 부부 일심동체라는 말은 누가 만들었을까? 《주역》〈계사〉상편에 이런 말이 있기는 하다.

二人 同心 其利 斷金

이인 동심 기리 단금

同心 之言 其臭 如蘭

동심 지언 기취 여란

"두 사람의 마음이 같으면 그 날카로움이 쇠도 끊고
같은 맘으로 하는 말은 그 향기가 난초와 같다."

※ 이 글은 2020년 5월 18일 유튜브 채널 '명로진Tv'에서 방송한 내용이다.

아름답다, 이런 문장은. 두 사람은 누구라도 좋다. 뜻을 같이하는 친구, 사랑하는 연인, 부부. 둘의 마음이 같으면 못할 게 없다. 앞서 장자는 한 사람이, 한 사람의 굳은 마음이 세상에서 제일 부러운 것이라 했다. 그 마음이 둘이면 어떻겠나. 세상에 두려울 게 없다. 그래서 뜻을 펼치려는 사람은 한 사람의 동지를 얻으면 그만이다. 새로운 인생을 시작하려는 사람은 한 사람의 지지를 받으면 그만이다. 행복하고 싶으면 모든 것을 다 버리고 한 사람의 사랑을 가지면 그만이다.

맘에 맞는 사람이 주고받는 말은 그 향기가 난과 같다. 향은 본능과 관계된 것이니, 좋은 향이 나면 사랑은 저절로 일어난다. 난초향 같은 언어를 주고받으며 같은 마음을 품은 두 사람! 이들은 그 어떤 풍파도 헤쳐나갈 준비가 된 셈이다. 그러므로 새로 시작하는 연인, 신혼의 부부가 가져야 할 두 가지는 하나의 마음과 난초향 나는 대화다.

그럼《한비자》의 저 에피소드는 무엇이란 말인가. 한비 선생은 그의 책에서 인간은 본래 제 이익만 추구하기에 법으로 제어해야 한다고 주장한다. 즉, 시스템을 만들어놓지 않으면 사람은 비뚤어질 수밖에 없다는 말이다. 베 백 필이 공짜로 생기면 먹고사는 데 여유가 있는 정도지만, 그보다 많이 얻게 되면 남자는 새 여자를 들일 생각을 한다. 여자도 마찬가지다. 서진西晉 황후 가남풍(257~300)은 백치 황제를 남편으로 두어 만족하지 못했기에 밤마다 젊은 남자를 침실로 불러들여 즐긴 뒤 죽이곤 했다. 권력이 인격을 능가하면 인간은 누구나 악마가 되기 쉽다. 그러니까 아예 처음부터 규격을 정해놓고 그만큼만 욕망할 수 있게 만드는 게 맞다. 이게 한비자의 아이디어다.

백년해로라는 말은 허구다. 희소하기에 강조될 뿐이다. 7년 정도가 부부 생활하기에 딱 적당하다. 글쓰기 교실의 제자 한 사람은 7년마다 파트너를 바꾸어 살아야 하는 미래 생활에 대한 SF소설을 썼다. 남녀(혹은 남남, 여여)가 만나서 7년을 살다가 둘이 동의하면 7년을 더 살 수 있다. 둘 중 한 사람이라도 동의하지 않으면 헤어져야 한다. 그러나 둘 다 동의한다 해도 7년+7년=14년 이상은 함께 살 수 없다. 헤어져야 한다. 그게 그 나라의 법이다.(그게 맞다고 본다. 그 나라는 어디인가?)

백년해로가 허구임을 주장하려는 내게 세 가지 장면이 떠오른다.

98세 할아버지와 89세 할머니의 사랑을 그린 〈님아, 그 강을 건너지 마오〉(진모영 감독, 2014)라는 다큐멘터리가 있다. 나는 그 영화에 나오는 조병만 할아버지의 행동이 단지 로맨티스트라서 그런 건지 의심스럽다. 꽃을 꺾어 할머니 머리에 꽂아주고, 낙엽을 던지며 장난을 치고, 손을 꼭 잡고 걷기는 하지만… 왠지 할머니는 생각만큼 호응을 하지 않는다. 순전히 내 느낌이다.

다음 이야기 역시 순전히 내 삐딱한 상상이다. 아마도 할아버지는 젊은 시절 할머니에게 지은 죄가 있는 것 같다. 이분들은 말 그대로 백년해로인데 그 오랜 세월 부부로 지내면서 서로 상처 한 번 주지 않고 살기는 불가능하다. 할아버지는 잊었으나 할머니는 잊을 수 없는 뭔가가 있었다고 본다. 그 때문에 할머니는 웃어도 함박웃음이 아니고 반응을 해도 열광이 아니다. 백년해로를 하려면… 그 세월만큼의 상처와 용서와 무덤덤함과 약간의 무시는 필수다. 그러므로 한비자는 옳으며 사랑은 없다.

두 번째 장면. 친척 한 분이 돌아가셨다. 술을 너무 좋아해서 간경화로 죽었다. 그분의 부인은 상중에도 끼니마다 밥을 잘 챙겨 먹었다. 상을 치르고 다음 주부터 여행 동호회에 나가며 취미생활도 열심히 하고 잘 살아간다. 이들에게 수십 년 결혼생활은 도대체 무엇일까? 슬프지 않은데 슬픈 척할 수는 없고, 남편이 죽었다고 남은 생을 우울해할 수는 더더욱 없다. 하지만 남편이 죽었는데 슬프지 않은 건 더 모순 아닌가? 어떻게 장례식장에서 그리 밥을 잘 먹나그래. 나 같으면 밥이 넘어가지 않을 텐데…. 그러므로 사랑은 없다. 아니, 수십 년 지속되는 사랑은 없다. 정이라는 이름의 습관이 있을 뿐이다.

세 번째 장면. 30년 조강지처가 죽었는데 친구 놈은 밤새 눈물 한 방울 보이지 않는다. 상처한 지 두 달 만에 새 여자를 만난다. 너희도 쇼윈도 부부였냐? 사랑은 없다.

제자가 썼다는 소설의 한 대목이 떠오른다.

"14년 동안 동거한 '7+7' 커플에 대해서는 행성 차원에서 성대한 결별식을 치러줬다. 파트너는 서로의 새 출발을 축하하며 샴페인을 들이켰다. 새 짝을 서로에게 소개하기도 하고 더블데이트를 즐기기도 했다. 유니온 행성의 시민들은 새 짝에 대한 만족도가 높았다. 물론 7+7의 세월을 보내고도 함께하려는 이들도 있었다. 14년 넘게 사랑하는 커플은 몰래 행성을 떠나 다른 별로 갔다. 그 별의 이름은 랑누이(l'ennui-권태)였다."

© Gayvoronskaya Yana

쓰레기를 섬기는 방법

현명하고 어질면서도 죽임을 당하고
굴욕을 피할 수 없었던 것은 무슨 까닭입니까?
그것은 어리석은 군주에게
유세하는 일이 어렵기 때문입니다….
충성스러운 말은 귀에 거슬리고
마음에 거슬리는 것입니다.
현명하고 어진 군주가 아니면 들어주지 못합니다.

- 《한비자》〈난언〉(김원중 옮김)

회사 매출의 50%를 책임지는 바이어가 있다. 그의 인성에 문제가
있다면 어떻게 해야 할까? 원청업체 대표가 쓰레기라면, 윗사람이 양
아치라면 어떻게 해야 하나? 중요한 문제다. 내가 사원이고 팀장이 쓰
레기라면 인사이동 때까지 기다리면 된다. 내가 팀장이고 이사가 쓰레
기라면 역시 기다리면 된다. 만약 내가 이사고 오너가 쓰레기라면? 다
섯 명이 전부인 회사에서 나는 사원이고 사장이 개라면? 죽을 때까지
기다릴 순 없다.

직장인이든 프리랜서든 금수저로 태어나지 않은 이상 그들의 비위
를 맞추며 사는 게 대부분의 인생이다. 가족 전체가 쓰레기로 이루어진
모 그룹을 보자. 그룹 회장 사모님도 쓰레기, 아들도 쓰레기, 딸들도 쓰

레기다. 이들 밑에서 일하는 건 쉽지 않은 일이다. 그럼에도 매일 이들이 싼 똥을 치우는 게 일인 사람도 있다. 보직은 재정담당 상무인데 실제 하는 일은 청소부다.

그러나 목구멍이 포도청이라 우리는 포도청의 명을 따라야 한다. 사교육 받는 아이가 있는 가장이라면 회의석상에서 물컵에 든 물을 얼굴에 좀 맞았다 해서 거래를 끊을 수는 없다.(그 물을 '대표님께서 깨우침의 의미로 뿌려주신 성수聖水'로 간직하면 모를까.)

한비자는 아무리 똑똑한 인재라도 어리석은 군주를 만나면 죽임을 당한다고 경고한다. 이런 군주에게는 '말하기가 어렵다'고 신하 된 자의 고충을 털어놓는다. 위에서 말한 쓰레기 재벌 사모님은 입에 걸레를 달고 사는 것으로 유명한데 어떤 말을 해도 더러운 필터를 거치기에 쌍욕과 함께 하달된다. 이런 사람 밑에서 일하기는 쉽지 않다. 먹고산다는 건 간도 쓸개도 다 내놓는 일이지만 간은 좀 떼어내도 재생되고 쓸개는 없어도 산다. 자존심, 마음을 내려놓고 살아야 하기에 문제다.

살다 보면 자존심은 접어두고 화살 같은 갑질을 당하면서 하루하루를 보내는 경우가 허다하다. 나 같은 프리랜서는 방송국에서 실컷 갑질을 당한 뒤 잘리는 일이 있는데 이럴 때 방송국 관계자는 '상처가 됐다면 유감'이라며 위로하는 척한다.

그런 상처는 얼마든 감당할 수 있다. 당장 다음 달부터 돈이 들어오지 않는 게 문제다. 자존심 상하는 건 감내할 수 있지만 통장이 비는 건 견딜 수 없다. 당장 기저귀를 못 갈고 분유를 못 먹이기 때문이다. 나 혼자 살면 라면 하나로 하루를 버티겠지만 머니 블랙홀인 아이를 둘쯤

낳고 나면 자존심이 백 개쯤 더 생긴다. 여기서 상한 자존심은 폐기하고 다음 자존심을 장착하면 그만이다. 그런데 빈 분유 곽은 다시 채울 수 없고 똥 기저귀는 다시 쓸 수 없다. 그래서 오늘도 수많은 엄마·아빠들이 갑질의 포화를 뚫고 일을 한다. 위대한 그 이름은 부모다.

21세기 들어 인문학이 따라오지 못하는 부분을 테크놀로지가 메우는 사례가 생겨났다. 예를 들어보자. 요즘 교통사고가 나면 목소리 높여 싸우지 않는다. 블랙박스를 재생해보면 답이 나온다. 예전에는 '목소리 큰 놈이 이기는 게 교통사고'라 했다. CCTV도 없던 시절이니 무조건 우기면 그만이다. "이곳에서 교통사고를 목격한 분의 진술을 기다립니다"라는 현수막이 사라진 것도 블랙박스와 곳곳에 설치된 교통감시 카메라 덕분이다. 사고가 나면 당사자들은 조용히 자신의 차 안에 설치된 '다본다'를 확인하고 신고하면 그만이다. 기술이 마음을 지배하는 경우다.

기술이 혹은 시스템이 정교하면 마음이나 태도를 바꿀 수 있다. '미투' 운동이 활발해지자 2018년 9월 국회는 성폭력, 성희롱 방지 법안을 통과시켰고 2019년 7월에는 '직장 내 괴롭힘 방지법'을 실시해 상사의 갑질에 법적으로 대응할 수 있게 했다. 예전에는 '직장생활 하다 보면 그럴 수도 있지' 하며 넘어갔던 사안들이 이제는 쇠고랑 차는 경우가 된 것이다. 성폭력이나 직장 내 괴롭힘은 법, 즉 시스템을 먼저 바꿔야 사람들이 따른다. 한비자가 주장했던 법가의 방식이다.

이미 직장을 몇 년째 다니는 이들에게는 할 말이 없다. 다만 아들 또래 취준생들에게는 이런 방식을 권하고 싶다. 들어가고 싶은 회사에 대해 공부하라. 특히 그 회사의 창업자, 현재 회사를 실질적으로 운영하는 CEO가 누군지 검색해본다. 포털 뉴스에 '○○○ 갑질'을 검색하면 바로 결과가 나온다. 이 결과치가 많다면 그가 경영하는 회사에는 들어가지 않는 게 상책이다. 들어가도 고위직이나 CEO와 직접 대면하는 부서에 가지 않는 게 중책이다. 입사해서 갑질 오너를 매일 대하며 월급을 받는다면 하책이다.

사장도 마찬가지다. 소기업 사장은 중기업 사장을 섬겨야 하고, 중기업 사장은 대기업 회장을 모셔야 한다. 이때 갑의 위치에 있는 오너나 CEO의 인품이 중간만 되어도 안심이다. 인성에 문제가 있는 사람을 단지 갑이라서 예를 다해 대하기는 어렵다. '가족을 위해서' '회사를 위해서' 나 자신을 희생하는 것도 한계가 있다. 세상에서 가장 귀한 것은 내 영혼임을 잊지 말자.

갑의 기분 하나하나에 내 모든 것을 맞추면 돈은 벌 수 있을지 몰라도 마음은 한없이 초라해진다. 이 짧은 인생을 살면서 매일 더러운 자의 입에서 튀어나오는 침이나 닦으며 살 수는 없지 않겠나.

어렵도다, 역지사지

양주의 동생 양포가 흰옷을 입고 나갔다가 비를 만나자
흰옷을 벗고 검은 옷으로 갈아입고 돌아왔다.
그의 개가 양포를 알아보지 못해 짖자
양포는 화가 나서 개를 때리려고 했다.
이때 양주가 말했다.
"때리지 마라. 너 또한 이렇게 할 것이다.
너의 개가 나갈 때는 하얀색이었는데 검은색이 되어 돌아왔다면,
너도 어찌 이상하게 여기지 않을 수 있겠느냐?"

– 《한비자》 〈설림〉 하편(김원중 옮김)

양주는 전국시대 사상가로 위衛나라 사람이다. 개인주의 사상의 원류로 알려져 있다. 맹자는 양씨위아 시무군야楊氏爲我 是無君也 – '양주의 자기를 위함은 군주를 부정하는 것이다'라고 말했고 《여씨춘추》는 양주의 사상을 '자신을 귀히 여김(귀기貴己)'이라고 표현했다.

세상의 모든 문제는 역지사지가 되지 않기에 생긴다. 나는 지금 이 글을 동네 커피숍에서 쓰고 있다. 옆자리의 여성이 30분 넘게 통화하고 있다. 상대는 뭐라 하는지 알 수 없으므로 그녀의 말을 옮겨 보자.

"그럼 이 서비스를 왜 추가해야 하는 건가요?"

…

"잘 이해가 안 되네. 기존에도 사은품 줬잖아요."

…

"아! 미치겠네, 진짜… 그래서 내가 계속 이야기하는 이유가 뭐냐면요."

…

"처음부터 다시 얘기할게요. 서비스 추가 왜 하는 건가요?"

…

"그 얘기가 아니고요. 다시… 왼쪽 유형 선택하는 이유가 뭔가요?"

…

"자자, 그건 잊으세요. 기능 설명 순서부터 헛갈려요. 다시 서비스 추가부터 갈게요."

이런 식으로 도돌이표 수준의 대화를 반복하고 있다. 아마도 코로나바이러스 때문에 재택근무를 하는가 보다. 35분 만에 그녀는 "아, 이 설명 듣기가 이렇게 어렵네. 이제 알았어요" 하고 통화를 마쳤다. 브라보! 듣는 내가 다 힘들었다.

지인 동수는 몇 년째 지방을 돌며 사업을 하고 있다. 아내와 딸 둘은 서울에 있고 그는 소도시에서 일하며 2주에 한 번 상경한다. 일이 바쁠 때는 한 달에 한 번 오기도 한다. 그러다 동수는 거래처 여직원과 사귀게 됐다. 이 관계가 1년쯤 이어졌을 때 아내가 고백했다. '다른 남자가 생겼다'고. 나에게 여직원과의 관계를 자랑처럼 이야기하던 동수는 아내의 고백에 길길이 날뛰었다.

"지가 어떻게 그럴 수 있어, 엉? 내가 지방 전전하면서 돈 벌어 송금했는데 그 돈으로 딴 남자를 만나? 엉? 이게 말이 되냐?"

내가 하면 로맨스, 남이 하면 불륜이라 했던가. 동수가 이해가 되기도 하고 안 되기도 했던 나는 이렇게 대화를 이어갔다.

– 네가 밖에서 돈을 벌었지만 아이 교육에는 별 신경 안 썼겠다?

"볼 시간이 없는데 교육을 어떻게 신경 쓰냐. 마누라가 했지." (마누라라는 표현에서 -10점)

– 어쨌든 네 부인이 교육을 전담했다는 거네. 서울 집 살림하고 아이들 밥 먹이고 빨래하고 이런 거 도우미 썼냐?

"도우미를 왜 쓰냐? 집사람이 전업주분데."

– 통계청 발표에 따르면 전업주부의 가사노동 가치가 연간 2,300만 원이라는데 부인한테 월급 준 적 있냐?

"미쳤냐? 그걸 왜 주냐?" (가사노동 가치를 인정하지 않으니 다시 -10점)

– 딸내미들한테 연락은 자주 하냐?

"일주일에 한 번은 전화하지."

– 부인한테는?

"뭐 일 있을 때 하지." (수시로, 자주, 무조건 연락을 하지 않으니 -10점)

– 아내 생일, 결혼기념일은 챙기냐?

"애들이 미리 전화하니까 집사람 생일은 챙기지. 결혼기념일은 왜 챙기냐?" (-10점)

– 동수야. 넌 60점짜리 남편이야. 거기다 바람까지 피우니까 낙제지. 네 부인이 맞바람 피는 건 잘못이지만 그분은 네가 보내준 돈으로 딴 남자 만나는 게 아니고 자기가 번 돈으로 그러는 거다. 뭐 쌍방 외도야 알아서들 하시고. 다만 '내가 벌어다 준 돈으로~' 이런 말은 틀린 것 같다.

그날 난 동수한테 맞을 뻔했다. 동수는 남자로서 능력도 되고 친구로서 성격도 괜찮았다. 꽤 열린 자세를 견지하던 친구였는데 아내의 외도 앞에서는 역지사지가 안 되는 모양이다.

양주는 역지사지를 하지 못하는 동생에게 이렇게 타이른다.
"개의 처지에서 생각해보라."
이 정도면 성인급이다. 나는 친구 동수에게 말하고 싶다.
"네 아내의 처지에서 생각해보라."
동수 부인에게 말하고 싶다.
"남편 처지에서 생각해보라."
동수 애인에게 말하고 싶다.
"유부남의 부인 처지에서 생각해보라."
동수 부인의 애인에게 말하고 싶다.
"유부녀의 남편 처지에서 생각해보라."
동수와 그의 부인을 욕하는 모든 이에게 말하고 싶다.
"당신이 그 상황이 되었다고 생각해보라."

나에게 말하고 싶다.

"종이의 처지에서 생각해보라. 지금 이따위 글이 종이 위에 써지길
바라겠는가?"

조짐이 보이면 떠나라

포악한 자의 이웃에 사는 사람이
집을 팔고 피해 가려고 하자 사람들이 말했다.
"이자는 많은 죄를 쌓았으니, 당신은 잠시 기다려 보시오."
그러자 대답했다.
"나는 그가 나에게 해를 끼쳐 죄가 더 쌓일까 걱정이 됩니다."
그러고는 마침내 떠나 버렸다. 그래서 이렇게 말했다.
"일의 조짐이 있으면 머뭇거리지 말라."

– 《한비자》〈설림〉 하편(김원중 옮김)

조짐兆朕이란 무엇인가? 옛 중국인들은 거북 등을 태워 그 갈라지는 형상을 보고 점을 쳤다. 이때 갈라지는 금을 조라 했고, 배를 만들 때 나무와 나무 사이 틈을 짐이라 했다. 조는 앞에 일어날 일을 의미하고 짐은 하찮은 것을 뜻한다. 하찮은 것 때문에 미래에 큰일을 당하기 일쑤이니 조짐의 조어 과정은 의미심장하다.

'조짐이 있으면 머뭇거리지 말라.' 한비자가 경고한다. 머뭇거리지 말고 어떻게 할까? 떠나야 한다. 뒤돌아보지 않아야 한다. 후회도 미련도 다 버리고 결단해야 한다. 조짐이 있을 때 머뭇거리지 않고 떠난 사람 중 하나가 공자다.

위나라 영공이 공자에게 군사를 배치하는 법에 대해 묻자 공자께서 대답하셨다. "제사에 관한 일은 일찍이 들어 알고 있지만, 병법에 대한 일은 배우지 못했습니다."

다음 날 결국 위나라를 떠나셨다.

-《논어》〈위령공〉편

위나라 영공이 공자를 만났다. 춘추시대 '공'자가 붙은 사람은 한 나라의 군주다. 제환공, 진문공같이 자기 나라 안에선 임금이다.(왕이라 칭하지 못하는 이유는 주나라 왕이 있기 때문이다. 나머지 나라는 주왕이 임명한 봉건국이며 봉건국 군주가 공이다.) 영공이 공자를 등용할까 말까 망설이며 면접을 봤다.

"공 선생, 혹시 학익진을 아시오?"

- 잘 모릅니다.

"그럼 영위진이나 합수진은?"

- 역시 자세히 알지 못합니다.

영공은 실망하는 표정을 보였다. 공자가 진법을 몰라서 몰랐다 했을까? 그의 관심사는 군사가 아니라 도덕이었다. 덕치와 음악과 예의였다. 그런데 영공은 공자를 군 고문관으로 쓰려 하니 가는 길이 달라도 한참 달랐다. 자, 이럴 때 어떻게 해야 할까?

1. 영공을 설득해서 군 고문관이 아닌 행정자치부 차관 정도로 기용하게 한다.

2. 영공 주변 사람을 설득해서 맞는 자리를 알아본다.

3. 일단 영공과 맺은 끈을 놓지 않고 기회를 기다린다.

그 외에도 여러 가지 방법이 있겠지만 최종 결정권자는 영공이다. 그의 생각이 바뀌지 않는 한 공자가 위나라에서 벼슬하기는 어렵다. 공자는 면접을 보고 생각했다.

'위나라 임금은 강병책에 관심이 있구나. 조짐이 좋지 않다.'

생각이 여기에 미치자 공자는 다음 날 위나라를 떠났다. 일주일 뒤도, 한 달 뒤도 아니다. 논어 원문에는 '明日遂行명일수행'이라 쓰여 있다. '명일'은 다음 날이란 뜻이고 '수遂'는 마침내, 드디어라는 의미가 있다. 공자의 결단력이 이 네 글자에 표현되어 있다.

내 인생의 조짐 하나를 이야기해본다.

스물네 살 때였다. 대학 졸업반 시절, 학교 취업상담 선생님의 추천을 받아 A호텔에 입사 원서를 내러 갔다. 강변이 내려다보이는 특급호텔이었다. 도착해서 보니 로비에 멋진 샹들리에가 빛나고 외국인들이 드나들었다. 영어와 프랑스어와 알 수 없는 외국어가 난무하고 향수 냄새가 바람을 타고 날아왔다. 리셉션 데스크에 가서 물었다.

"저… 입사원서 제출하러 왔는데요."

"아, 인사과는 건물 뒤로 돌아가셔야 합니다."

그가 알려주는 대로 호텔 맨 아래층으로 내려가 뒤쪽으로 갔다. 불빛도 희미한 지하층의 복도를 따라가 보니 구석 문에 '인사과'라는 팻말이 보였다. 안으로 들어가지 않고 다시 복도를 따라 나왔다. 인사과, 총무과, 객실부… 아, 이곳에서 호텔 직원들이 일하는구나. 사무실과 호텔 사이에는 쓰레기장이 있었다. 음식물 쓰레기 국물이 흐르는 아스팔트 위에 서서 생각했다.

'우리나라 최고의 호텔이라는 이곳, 저 위 로비는 저렇게 화려한데 정작 직원들 일하는 곳은 더러운 구석에 처박혀 있구나.'

조짐이 좋지 않았다. 직원을 이렇게 대한다면 호텔 사장의 경영 마인드는 안 봐도 비디오다. 3분 30초 동안 고민하던 젊은 시절의 나는 입사원서를 쓰레기장에 던져 버리고 뒤도 돌아보지 않고 나왔다. 매일 아침 쓰레기 냄새를 맡으면서 출근하고 싶지 않았다. 겉모습이 화려한 특급호텔에서 강변 뷰는 손님을 위한 것이었다. 양해한다. 그러나 왜 가장 좋은 전망이 직원 방에 배치되면 안 되는가? 호텔리어가 행복해야 호텔 손님이 행복하고 호텔 손님이 만족해야 호텔 오너가 만족한다. 이 단순한 진리를 모르는 CEO 밑에서 일하고 싶지 않았다.

결론적으로 그때 내 선택은 옳았다. 나는 1년 뒤 그 호텔보다 연봉도 높고 인정도 더 받는 곳에 취직했다. 조짐은 좋은 뜻보다는 좋지 않은 뜻으로 많이 쓰인다. 조짐이 보이면 튀어라. 그게 한비자 선생의 충고다.

알다가도 모를 마음이여

요가 천하를 허유에게 양보하려고 하자,
허유는 달아나 다른 사람의 집에 머물렀다.
그런데 그 집 주인은
허유가 가죽 모자를 훔쳐 갈까 두려워 감췄다.

– 《한비자》 〈설림〉 하편(김원중 옮김)

"기산영수별건곤 소부 허유 노라잇고~"

춘향가 첫 부분에 나오는 소리다. 소부와 허유는 전설상의 은자인
데 어느 날 요임금이 허유에게 천하를 맡아달라고 청한다. 왕위를 선양
하겠다는 거다. 허유는 그게 싫었다.(왜 싫었을까?) 허유는 요임금에게 이
렇게 말했다.

"그대가 이미 천하를 잘 다스리고 있는데 내게 허울뿐인 왕 노릇을
하란 말인가? 뱁새가 깊은 숲에 둥지를 틀어도 나뭇가지 하나면 되고,
두더지가 황하의 물을 마셔도 한 모금이면 충분하오. 돌아가시오."

한마디로 허유는 바지사장이 싫었다. 중국의 디오게네스였던 그는

1일1식을 하고 몸 누일 곳만 있으면 그만이었기에 한 나라를 통째로 준다는 데도 거절했다. 100평 집에 살아도 침대 열 개 놓고 못 자고 세계 제일의 부자도 하루에 열 끼 못 먹는다. 설사 하루에 열 끼씩 먹는다 해도, 침대 열 개를 놓고 잔다 해도 알렉산드로스든 요임금이든 죽으면 모두 주머니 없는 수의 한 벌 입고 가는 것. 디오게네스나 허유는 이 사실을 잘 알고 있었다.

허유는 기산 아래로 도망가 숨었는데 요임금이 다시 사람을 보내 선양 제의를 했다. 허유는 더 깊은 곳 영수로 갔다. 이곳에서 귀를 씻고 있는데 친구 소부가 소를 끌고 와서 물을 먹이려다 물었다.

"귀는 왜 씻는가?"

- 요임금이 천하를 준다 해서 그 소리 들은 내 귀를 씻네.

"아, 재수 없어. 그 물을 내 소에게 먹일 수는 없지."

소부는 더 깊은 골로 들어가 소에게 물을 먹였다. 그 모습을 보고 허유는 미소를 지었고 소부는 떠나며 윙크를 보냈다. 두 사람에게 속세의 재산, 권력, 명예는 가치가 없었다. 그럼 도대체 어떤 것에 가치를 두었을까? 은자들의 깊은 뜻을 다 알 수는 없다. 지혜나 진리로 상징되는 그 무엇을 위해 아마도 돈이나 힘, 이름을 멀리했다고 짐작할밖에.

이렇게 세속적인 것에 욕심이 없는 허유가 왕 자리도 마다하고 도망가다 한 사람 집에 머물렀다. 그는 허유가 가죽 모자를 훔쳐 갈까 봐 걱정했다. 사람을 못 알아봐도 한참 못 알아본 것이다. 천하도 싫다는데 모자 하나를 탐낼까? 이런 집주인 곁에 오래 머물 수는 없다. 떠나야 한다.

사원을 알아보지 못하는 사장을 만나면 떠나라. 사랑을 알아보지 못하는 연인을 만나면 떠나라. 은혜를 모르는 친구를 만나면 떠나라. 30년을 살았어도 예의를 모른다면… 떠나라.

큰 것을 탐내지 않는 허유를 알아보지 못한 집 주인을 한비자는 어리석은 사람이라 말한다. 나는 여기서 한 발 더 들어가 보고 싶다. 우리 마음의 바닥, 지하 30층까지 내려가 보고 싶다. 그곳에는 무엇이 있을까? 시궁창에서 지렁이와 뱀과 쥐가 우글거릴까? 아니면 파란 잔디 위로 옹달샘이 흐르고 장미꽃이 피어 있을까? 나는 이런 생각이 든다. 허유는 천하를 원하지 않았으나 가죽 모자는 탐냈을지도 모른다고. 그게 알다가도 모를 사람의 마음이라고.

작가 장 폴 사르트르는 1964년 노벨문학상을 거절하여 그 이름을 드높였는데, 나중에 그가 노벨상위원회에 상을 다시 달라고 한 게 알려져 명예가 실추되기도 했다. 왜 그랬을까? 마음은 변덕스럽다. 평생 도덕군자로 살았던 사람이 죽기 전에 허망한 유혹에 넘어가기도 한다. 오래 존경받던 기업인이 돈 몇 푼 아끼려다 치욕을 당하기도 한다. 미스코리아와 결혼한 남자가 못생긴 여자와 바람이 나고, 성실한 훈남과 결혼한 여자가 양아치와 눈이 맞는다. 여기저기 기부도 하고 봉사도 하는 대표가 직원들 봉급은 쥐꼬리만큼 주며, 겉보기에 화려한 부부가 매일 밤 싸운다. 고급 차를 수백 대 소유한 사람이 낡은 자전거를 탐내고 명예와 부와 존경까지 얻은 노학자가 여자까지 품으려 한다.

우리 마음은 늘 이기적이고 그 이기심은 늘 끝까지 가며 그 끝인 지하 30층, 뱀과 장미꽃 사이에서 늘 흔들린다.

칭찬은 고래도 춤추게 한다고?

칭찬만으로도 사람의 목숨을 바치게 할 수 있다.

－《한비자》〈내저설〉 상편

월나라 왕 구천이 오나라와 전쟁을 하려고 마음먹고 먼저 자기 국민 중 용사를 구하려 했다. 전쟁에 필요한 군인이라면 죽음을 두려워하지 않아야 한다. 이들을 얻기 위해 구천은 다음과 같은 계략을 짰다. 그는 말 많은 보좌관 한 명과 궁 밖으로 수레를 타고 나가다 갑자기 멈추게 했다. 수레에서 내린 구천은 개구리 한 마리를 보고 머리를 숙였다. 보좌관이 물었다.

"전하, 왜 개구리를 보고 인사를 하십니까?"

"이 개구리를 보라. 얼마나 당당한가? 그래서 내가 경의를 표한 것이네."

보좌관은 이 일에 대해 여기저기 소문을 퍼뜨렸다. 사람들은 얘기했다.

"개구리도 칭찬하는 왕인데 용감한 사람이라면 어떻겠나?"

이후 여기저기에서 죽음을 불사하는 용사들이 모여 구천의 친위대가 됐다.

이와 비슷한 이야기가 《열국지》에 있다. 전국시대 연나라 소왕이 제나라에 패한 뒤 국가 중흥을 위해 널리 인재를 구하고자 했다. 곽외란 자가 "저를 먼저 고용하십시오"라고 말했다. 소왕이 보기에 곽외는 별 볼 일 없는 자였다. 곽외는 소왕이 탐탁지 않게 여기는 걸 알고 이렇게 말했다.

"옛날 어떤 왕이 천리마를 구하려 했습니다. 3년 동안 애써도 구할 수 없었는데 한 사람이 죽은 천리마의 뼈를 오백금에 사와서 팔겠다고 했습니다. 왕이 화를 내자 그가 이렇게 말했지요. '왕께서 이걸 비싸게 사신다면 죽은 천리마 뼈도 비싼 값에 샀으니 산 천리마는 얼마나 비싸게 사겠는가 하며 반드시 천리마를 가진 주인이 팔러 올 것입니다.'

과연 소문을 듣고 세 사람이나 천리마를 팔겠다고 왕을 찾아왔습니다. 그러니 미천한 소신을 우대하시면 정말 실력 있는 이들이 '왕이 곽외 같은 자를 귀히 여기니 진짜 인재에겐 더 잘해주겠지' 하며 몰려들 것입니다."

왕은 손뼉을 치며 기뻐했다. 그리고 곽외에게 궁을 지어주고 국빈 대우를 해주었다. 이 소문이 퍼지자 곧 추연, 극신, 명장 악의 같은 인재들이 몰려왔다. 여기서 나온 고사가 선종외시先從隗始－'먼저 외부터 시작하라'다.

칭찬은 직접 받는 사람뿐 아니라 제삼자에게도 영향을 미친다. 리더는 칭찬도 경영의 수단으로 적절히 이용한다. 한비자는 '덕담도 순서가 있다'고 주장한다. 공을 세운 무장이 왕을 찾아왔을 때, 왕보다 앞서 재상이 잘했다고 해선 안 된다. 김새는 일이다. 왕이 먼저 칭찬하고 왕이 물러가면 재상이 칭찬하고 재상이 물러가면 대부들이 칭송해야 한다. 그게 계급의 룰이다.

그렇다면 직원이 잘했을 때는? 사장이 있는 자리에서 상무는 조용히 있어야 한다. 그게 서열의 룰이다.(상무가 오너 아들이면 사장이 조용히 있어야 한다.)

미국의 경영 컨설턴트 켄 블랜차드는 플로리다 수족관에서 범고래 샘이 멋진 쇼를 펼치는 것을 보고 '어떻게 3톤이 넘는 고래가 이런 일을 할 수 있는가' 하는 의문을 품었다. 그 해답은 사육사의 훈련법에 있었다.

"잘했을 때 바로 칭찬해줄 것. 실수했을 때는 관심을 돌려 잊게 할 것. 격려를 지속할 것. 이게 핵심입니다."

고래도 칭찬하면 날아오른다. 사람은 오죽하겠나? 나는 한때 라디오 DJ를 하며 칭찬할 줄 모르는 PD를 만나 고생한 적이 있다. 생방송이 끝나면 대여섯 가지 잘못을 지적하며 마치 "내가 방송국에서 월급을 받는 이유는 당신에 대한 지적질"이라는 듯 갑질을 했다. 견디다 못해 내가 물었다. "그럼 제가 칭찬받을 만한 부분은 하나도 없나요?" 그가 답했다. "난 원래 칭찬 같은 거 안 해요."(어휴 잘났다. 계속 그렇게 사서.)

노순규는 《칭찬의 감동 효과와 조직관리》라는 책에서 칭찬할 때 꼭 지켜야 할 원칙을 이야기한다.

- 칭찬할 일이 생기면 즉시 칭찬하라.(묵히다 뭐 되는지는 다 알 것이다.)
- 구체적으로 공개적으로 칭찬하라.(골방에 가서 두루뭉술하게 칭찬하지 말라

는 이야기다.)

- 사랑하는 사람 대하듯 칭찬하라.(어려운 일이지만 효과는 크다.)

- 긍정적인 관점을 가지면 칭찬할 일이 보인다.(먼저 관점을 갖고 나면 칭

  찬은 따라온다.)

- 가끔 스스로를 칭찬하라.(보상은 스테이크~)

오늘 하루도 수고한 당신, 참 잘했어요. 당신은 당신이 생각하는 것
보다 훨씬 괜찮은 사람입니다. 카드 결제액도 대출금 납부도 떠나버린
연인도 모두 잊고 오늘은 셀프 칭찬으로 자존감을 높이시길.

士爲知己者死

선비는 자기를 알아주는 사람을 위해 죽는다.

5
PART

신화와 영상의 심리학

먹고 먹고 또 먹고

테살리아의 왕 에리시톤은
데메테르 여신의 숲에 있는 신성한 참나무를 베어 내게 했다.
나무꾼들이 여신의 저주를 받을 거라며
그만두라고 경고했으나 무시했다.
데메테르 여신은 에리시톤에게 평생 허기 속에 시달리는 벌을 내렸다.
그는 먹고 먹고 또 먹었다.
아무리 먹어도 배가 고팠고 허기가 그치지 않았다.
그는 전 재산을 먹는 데 썼다.
이제 그의 딸만 남았는데, 그는 딸을 팔아 먹을 것을 샀다.
그걸 다 먹고 나서는 자신의 몸을 뜯어 먹으며 죽어갔다.

– 〈에리시톤〉편

그리스 사람들이 만든 신화는 인류의 보고다. 역사에 그들이 없었다면 인간은 얼마나 심심했을까? 인류는 무지가 두려워 이야기를 만들었다던가? 원시시대를 생각해보자. 천둥 번개가 치는 밤, 동굴 안에 모여 있는 부족은 두려움에 떤다. 다행히 이날은 사냥에 성공해 배불리 먹었고, 상하기 직전의 포도를 실컷 먹어 기분도 알딸딸하다. 남녀는 엉켜 사랑을 나누었고 아이들은 실컷 놀았다. 한밤중, 꽹음이 들리면서 벼락이 친다. 사람들은 하나둘 깨어나 모인다. 무섭다. 소름이 돋는다. 모닥불을 살리니 온기가 돌며 조금은 안정된다. 이때 부족의 연장자 할머니가 이야기를 시작한다.

"하늘에 사는 신께서 노하셨나 보다. 저렇게 번개 창을 내리꽂는 걸 보니…. 오늘 고기 먹을 때 남의 것 슬쩍한 사람 있지?"

건장한 청년 하나가 흠칫 놀란다. '어떻게 아셨지?' 할머니는 그 순간을 놓치지 않는다.

"어서 잘못을 빌어라."

이때의 호모 사피엔스들은 순수했다. 청년 루루는 자기 죄를 고백했다.

"사냥할 때 너무 힘을 썼는지 고기가 적었어요. 그래서 동생 거를 몰래 먹었어요. 다신 안 그럴게요."

할머니가 웅얼웅얼 기도한다.

"신께서 용서하신단다. 이제 번개 창을 더 내리지 않을 거다."

신기하게도 잠시 후 번개가 멈춘다. 비도 그친다. 멀리 하늘이 밝아지면서 태양이 떠오른다. 이때부터 천둥이 칠 때마다 사람들은 번개 창을 내리치는 신에게 그날의 잘못을 빌었다. 그리스 지역에서는 번개를 내리는 신이 가장 힘이 세다고 믿었고 그를 제우스라 불렀다.

이야기는 힘이 있다. 인간은 이야기의 동물이다. 다른 동물들이 이야기를 갖지 못하고 그저 몽매와 본능 속에서 헤맬 때, 인간은 이야기를 발명했다. 이야기는 우리를 위로하고 안심시켰다. 이야기는 우리에게 없던 힘도 생기게 했다. 이야기는 희망의 다른 이름이다.

에리시톤 이야기는 왜 생겼을까? 그가 왕이라는 사실에 주목하자.

지금부터 만 년쯤 전, 그리스 혹은 중동 지역에 부족을 이끄는 자가 있었을 것이다. 그가 농업혁명으로 늘어난 생산물을 독차지하면서 꽤 많은 부족민을 거느렸다고 하자. 왕은 대식가였다. 먹고, 먹고 또 먹었다. 도대체 사람은 얼마나 먹을 수 있나?

기네스북에 따르면 조지 러스틴이라는 사람은 12년 동안 161톤을 먹었다. 하루에 36kg을 먹은 셈인데 한 끼에 12kg, 고기로 치면 끼마다 60인분, 하루에 180인분을 먹었다는 얘기다. 가히 현대의 에리시톤이 아닐 수 없다.

일본 작가 요네하라 마리의 《미식견문록》을 보면 그녀가 아버지의 해외 근무지인 체코 프라하에 살 때의 이야기가 나온다. 초등학생인 그녀가 여름방학 캠프에 갔는데 그곳에서는 하루 여섯 끼를 제공했다. 오전 7시에 푸짐하게 아침을 먹고 실컷 논 다음 오전 10시에 두 번째 아침 식사를 가볍게 하고 오후 1시에 다시 푸짐하게 점심을 먹는다. 점심 직후에는 두 시간 동안 낮잠을 자고 일어나 오후 4시에 간식을 먹고 7시에 또 푸짐하게 저녁을 먹는다. 저녁을 먹고 나서는 음악이나 영화 감상을 하고 밤 10시에 야식을 먹고 잔다.

현대인은 음악 또는 영화 감상할 시간이라도 있었지 만 년 전의 인간은 뭘 하며 시간을 보냈을까? 스포츠도 없고 동영상도 없고 책조차 없었으니 고대의 왕은 그저 먹고 또 먹을 뿐이었다. 에리시톤은 보통 사람의 몇십 배를 먹어 치우고도 다음 날 아침이면 다시 어마어마한 양의 음식을 찾았다. 그 밑에 있던 하인들은 죽어났을 거다.

그는 자기 창고에 있는 식재료를 다 먹어 치웠고, 소나 양도 다 잡아먹었다. 이제 옥구슬이나 청동검 같은 귀중품이 남아 있었는데 그것도 다 팔아서 음식을 마련했다. 하인에게 줄 식량이 없으니 그들도 다 떠났다. 식구들도 질려 하며 도망쳤다. 유일하게 남은 혈육은 딸인데 그마저도 팔았다. 고대에 처녀를 판다는 건 매춘을 했다는 의미다. 에리시톤은 자식을 팔아 제 배를 채운 미친 자식이었다. 이때 마지막까지 그의 곁에 남아 있던 하인 중 이야기를 좋아하는 사람 하나가 신화의 한 조각을 만들어냈다.

인간의 식욕은 이렇게 끝이 있을 것 같으면서 끝이 없다. 우리가 '다이어트는 내일부터'를 매일 반복하는 이유다. 식욕뿐일까? 성욕도 수면욕도 끝이 없다. 인간의 3대 욕구에 대한 상징은 그리스 신화 도처에 등장한다. 에리시톤은 식욕에 대한 그리스식 통찰이다. '그렇게 먹어대다간 네 살도 뜯어 먹으리라'는 경고다.

현대인은 어떤가? 나만 해도 먹기 위해 운동한다. 운동 없이 먹기만 하면 살이 찌고 몸이 불편해지기에 만 20세 여름부터 지금까지 30년 넘게 달리기, 걷기, 웨이트트레이닝, 요가, 수영, 등산, 댄스, 자전거 등 다양한 운동을 쉬지 않고 해왔다. 현대인이 피트니스와 다이어트에 쏟는 시간과 돈을 생각해보라. 내 경우, 매달 운동과 영양제에 들어가는 돈이 꽤 된다. 오직 잘 먹기 위해서다. 아침마다 '오늘은 어떤 운동을 할까?'를 고민하고 저녁마다 '오늘은 덜 먹었어야 했어' 하며 후회한다.

음식이 모자라서가 아니라 남아돌아 문제다. 대한민국에서 먹다 남은 음식을 버리는 데 드는 비용이 매년 15조 원이고 그 양이 매일 1만 5천 톤이다. 이걸 5천만 국민으로 나누면 매일 300g인데 밥 한 공기가 대략 200g이므로 우리는 날마다 한 공기 이상의 식량을 쓰레기로 버리고 있다는 이야기다.

현대인은 모순의 삶을 산다. 3km 떨어진 체육관에 자가용을 끌고 가서 러닝머신 위에서 3km를 달린다. 그냥 체육관에 걸어가면 되는데. 먹다 남은 음식을 처리하는 기계를 수십만 원 주고 사서 비료를 만들어 재활용한다며 자랑한다. 그냥 음식을 남기지 않으면 되는데. 지구 온난화를 막기 위한 채식 파티 행사를 하기 위해 할리우드 스타들은 죄다 자가용 비행기를 타고 모인다. 그 비행기 안 타면 기후변화에 더 기여하는데.

우리는 잘 먹기 위해 머리를 쓰고, 잘 먹기 위해 운동을 하며, 심지어 잘 먹기 위해 먹지 않는다. 그리고 '얼마나 먹지 않아야 하는가'에 대해 컨설팅을 받으면서 돈까지 쓴다. 이게 에리시톤의 어리석음이 아니고 무엇이랴. 먹어도 먹어도 허기지는 구조는 신화가 아니고 우리 안에 기본적으로 설치된 프로그램일까? 이런 생각을 하니 갑자기 배가 고프다. 뭐라도 좀 먹어야겠다.

근친상간의 역사

아버지는 훌륭한 분이고 도덕적인 분이야.
하나 부디 그분도 나처럼 열정에 사로잡혀 있기를!

- 〈뮈르라〉편

오이디푸스는 어머니와 동침해 2남 2녀를 낳았고, 엘렉트라는 아버지를 사랑했다. 엘렉트라의 아버지는 미케네 왕 아가멤논인데 트로이 전쟁에 10년 동안 참여했다 돌아왔다. 이때 왕비 클리타임네스트라는 아가멤논의 사촌 아이기스토스와 외도 중이었다. 두 사람은 짜고 아가멤논을 죽인다. 엘렉트라는 아가멤논과 클리타임네스트라 사이의 딸이었으나 아버지를 위해 친모를 죽이는 계략을 짜고 실천에 옮긴다.

여기 또 한 사람의 엘렉트라가 있다. 그리스 신화에 나오는 키프로스의 공주 뮈르라다. 엘렉트라는 정신적 사랑에 머물렀으나 뮈르라는 친아버지를 육체적으로 사랑했다. 한마디로 '미쳤다.' 뮈르라는 유모의 도움으로 술에 취한 아버지와 동침한다.

그녀의 이름 뮈르라Myrrha는 약재 몰약沒藥을 뜻하기도 한다. 몰약이란 단어는 〈아가서〉에 일곱 번 등장하는데 모두 에로틱한 내용을 담고 있다.

내가 옷을 벗었으니 어찌 다시 입겠으며 내가 발을 씻었으니 어찌 다시 더럽히랴…. 내 사랑하는 자가 문틈으로 손을 들이밀매 내 마음이 움직여서 일어나 내 사랑하는 자를 위하여 문을 열 때 몰약이 내 손에서, 몰약의 즙이 내 손가락에서 문빗장에 떨어지는구나…. 내 사랑하는 자의 입술은 백합화 같고 몰약의 즙이 뚝뚝 떨어지는구나….

－〈아가서〉 5장

몰약의 즙은 애액을 상징한다. 사랑을 위한 향기요 즙이며 분위기다. 미치지 않고는 못 배길 정도로 과한 사랑을 위한 것이다. 예부터 귀한 약재나 향수 혹은 화장용으로 쓰였다. 얼마나 귀하면 예수 탄생을 축하하는 3대 선물 중 하나였을까.(말구유에서 태어난 그리스도에게 바친 세 가지 선물 황금과 유향과 몰약 중 황금을 제외한 두 가지가 그 당시 가장 값비싼 화장품으로 쓰였다는 사실은 얼마나 아이러니한가.)

오이디푸스는 이오카스테가 제 친모인지 모르고 관계를 했다. 그런 의미에서 그는 유죄보다는 무죄에 가깝다. 그러나 뮈르라는 알고도 아버지와 동침했다. 왜 그녀는 제 친부를 미치도록 사랑했을까? 아니 내가 궁금한 건 이거다. 왜 고대 그리스인들은 친모, 친부와 관계를 맺는 신화를 만들었을까?

유튜브에 보면 미국의 리얼리티 프로그램 중 〈엄마 VS 딸〉이 있다. 여기에 출연하는 크리스티는 딸 코트니의 남편을 사랑해서 그에게 동침을 요구하다 딸에게 딱 걸린다. 코트니는 "내게 남친이 생길 때마다 엄마는 그를 넘봤다. 내가 열두 살 때부터 이런 일이 반복됐다"라는 충격 고백을 한다. 그리고 코트니는 "더는 연락하지 마" 하며 엄마를 떠난다. 도대체 크리스티는 왜 그랬을까? 아마도 그녀에게는 본능이 윤리보다 더 중요했는지도 모른다.

크리스티나 뮈르라나 근친상간 대열의 맨 앞에 서 있다. 이 미친 사랑은 단순한 정욕보다는 인간 근원의 욕망을 상징한다. 흔히 오이디푸스를 자궁회귀로 설명하는데 인간이 태어난 곳으로 돌아가고자 하는 욕망은 남녀를 불문한다. 엘렉트라 콤플렉스 역시 따뜻한 자궁으로 돌아가려는 깊은 욕망이다. 마치 연어가 태어난 곳으로 돌아가려 거친 물살을 거슬러 오르듯, 남자아이든 여자아이든 자신의 근본인 신낭腎囊과 자궁으로 귀환하려는 본능을 갖는다. 이걸 말하려고 극단적인 경우를 만들어낸 것 아닐까?

뮈르라의 유모는 수 차례 뮈르라와 아버지 키니라스를 동침시킨다. 유모는 키니라스에게 "참한 아가씨가 있으니 맞이해보라"라고만 언급한다. 키니라스는 자기 딸인 줄도 모르고 잠자리를 한다. 몇 달 뒤 뮈르라의 배가 불러오자 키니라스는 모든 사실을 알고 딸에게 죽음으로 벌을 내리려 한다. 뮈르라는 분노한 아버지로부터 도망쳐 아라비아반도의 끝으로 가서 아도니스를 낳는다.

이 아도니스가 미의 여신 아프로디테의 사랑을 받을 정도로 그리스 신화 최고의 미남이라는 사실은 아이러니다. 그러나 아도니스는 사냥에 미쳐 멧돼지에게 받쳐 죽고 말았으니 결국 근친상간의 말로는 비극이란 말인가?

봉준호의 말 한마디

2020년 봉준호 감독은 영화 〈기생충〉으로 아카데미 감독상과 작품상을 거머쥐면서 세계적인 신드롬을 일으켰다. 한국 대중문화, 특히 영화계는 봉준호 이전과 봉준호 이후로 나뉜다는 주장도 생겨났다. 이 현상의 밑바닥에는 봉준호 리더십이 있다. 한 인터뷰에서 봉 감독의 누나 봉지희 교수는 "준호는 동정심이 많아 어렵게 사는 친구를 집으로 데리고 왔다. 그러면 엄마가 밥을 먹이곤 했다"라고 말했다.

봉 감독 생가터를 복원하자는 식의 엉뚱한 이야기를 하려는 게 아니다. 봉준호 리더십은 타인에 대한 공감과 이해에서 나온다. 아카데미 감독상을 받자 그는 할리우드의 위대한 감독 마틴 스코세이지를 찬양했고, 쿠엔틴 타란티노에게 사랑을 고백했으며, 함께 후보에 오른 샘 멘데스와 토드 필립스의 이름을 거론했다. 승자가 된 순간 패자를 잊지 않고 가장 고상한 방식으로 그들을 위로했다.

무엇보다 봉준호는 함께 일하는 이들에 대한 배려가 뛰어나다. 촬영 현장에서 감독은 갑 중의 갑이다.(내 30년 미디어 경력 중 갑질하는 연출이 한둘이었을까?) 그런데 봉준호와 함께 일한 사람들은 을이 아니라 파트너이자 지음知音이었다. 지음이란 무엇인가?《열자》에 나오는 이야기다. 거문고 명인 백아의 친구 가운데 종자기는 그의 연주를 진심으로 알아주는 이였다. 백아가 산을 생각하며 연주하면 종자기는 태산 같은 음이라 했고 물을 생각하며 현을 튕기면 흐르는 강물 같다고 했다. 종자기가 죽자 백아는 거문고 현을 끊고 더는 연주하지 않았다.

《사기열전》에는 자기 주인을 위해 목숨을 버린 자객 예양 이야기가 나온다. 그는 이전에 다른 주인도 섬겼으나 지백이라는 주인을 위해 목숨을 바쳐가며 복수를 했다. 왜? "다른 이는 나를 종으로 부렸으나 지백은 나를 중요한 인물로 존중했기에 그를 위해 죽는다"라는 거다. 자객들의 좌우명은 사위지기자사士爲知己者死-'선비는 자기를 알아주는 사람을 위해 죽는다'였다.

한 인터뷰에서 봉 감독에게 포스터를 왜 그렇게 만들었느냐고 묻자 그는 "잘 모르겠다. 담당자가 알아서 만들어왔는데 좋았다"라고 말했다. 맡기고 신뢰하는 지음의 관계다. 영화 촬영 현장에서는 막내 스태프 이름까지 기억해 불러준다고 한다. 한 인터뷰에서 그는 통역자 샤론 최를 칭찬했다. 그녀에게 '언어의 아바타'라는 수식어를 붙여주고 "첫 문장만 던져놓고 통역하는 동안 다음 문장을 생각하면 된다. 우리 통역자와 함께 스피치를 하는 건 우리 팀만의 특권이다"라고 했다. 통역에 최고의 찬사를 보낸 것이다.

잘 생각해보라. 정상회담에서 통역자가 칭찬받았다는 뉴스를 들어본 적이 있나? 아무리 유명하고 위대한 인물도 인터뷰하면서 '우리 통역자 최고'라며 엄지를 치켜세운 적이 있나? 아카데미 시상식이 끝나고 봉 감독은 샤론에게 오스카 트로피를 건네기도 했다. '이 상은 당신 덕이다'라는 제스처다. 봉 감독의 배려가 여기까지 미친다. 이런 대접을 받으면 기분이 어떨까? '사위지기자사'의 심정 아닐까? 그를 위해 더 잘하고 더 열심히 하고 마음을 다해 일하겠다는 생각이 들지 않을까? 말 한마디로 상대를 아미(BTS 팬클럽)로 만들고 자객 예양으로 만들고 백아의 종자기로 만들어 버리는 것이 봉준호 리더십의 핵심이다.

알량한 권한을 갖고 온갖 갑질을 하는 이들의 뉴스가 횡행한다. EBS에서는 자회사 사장이 직원에게 더 좋은 관용차를 내놓으라고 갑질했다는 뉴스가 있었다. 그자가 받는 봉급도 관용차도 다 국민의 세금이다. 어리석고 한심한 일이다. 이런 사람이 상관이면 참 골치 아프다. 다행히 바로 잘렸지만 아직 잘리지 않은 이들은 지금이라도 깨달아야 한다. 같이 일하는 이를 추켜세워줘야 내가 빛날 수 있다는 것을.

말만 하고 가는 이는…

"부조를 못하면, 장례에 얼마가 드는지 묻지 않는다."

– 《예기》 〈곡례〉 상

2012년 칸 영화제 황금종려상을 수상한 〈아무르Amour〉(미하엘 하네케 연출)는 병으로 늙어가는 일상에서 그들만의 방식으로 사랑을 완성하는 노부부의 이야기다. 치매 걸린 아내 안느를 조르주는 최선을 다해 돌본다. 그러나 세상의 모든 간병이 그렇듯, 시간이 지날수록 조르주는 현실이 고통스럽기만 하다. 그는 달팽이 걸음처럼 조금씩 나빠지는 안느를 지켜볼 수밖에 없다. 현재를 망각한 아내와 미래를 상실한 자아 사이에서 조르주는 그 어떤 과거의 기억으로도 행복하지 않다. 살과 뼈는 있으되 정신은 부재하는 유령처럼 그는 애써 삶을 이어간다.

어느 날, 딸 에바가 찾아온다. 에바는 엄마를 보고 질질 짜고는 아버지에게 잔소리를 늘어놓는다.

"도대체 아빠는 생각이 있어요? 왜 엄마를 저렇게 놔두는 거예요? 왜 엄마를 위해 더 애쓰지 않느냐고요!"

자식들이란 받기에는 능하나 주는 데는 젬병이다. 일일이 대답하기도 지친 조르주는 입을 다문다. 말해봐야 딸이 무슨 대책을 내놓겠으며, 무슨 도움이 되겠는가? 간병을 해줄 것도 아니고 시간을 들일 수도 없는데.

그는 아내를 사랑했다. 비록 식사 때는 말 한마디 나누지 않고 시간은 권태 속에 흘러가지만 조르주는 지금도 안느를 사랑한다. 조르주의 하루는 안느를 중심으로 짜여 있다. 안느를 학대하는 간병인을 쫓아내면서 "너도 나중에 병들어 수족 못 가눌 때 너 같은 X 만나라!"라고 일갈한다. 이런 게 사랑이다.

그럼 딸 에바는? 1년에 한 번 방문해서 잠도 자지 않고 휙 가버린다. 그러면서 말은 많다. '아빠가 이렇게 저렇게 해야 한다' '왜 더 좋은 방법을 쓰지 않느냐' '더 좋은 의사를 찾아가라'… 엄마에게 진짜 필요한 액션은 하지도 않는다. 그렇게 떠들 시간에 성인용 기저귀라도 한 번 갈아주든가.

《예기》는 중국 유학자들의 다양한 주장을 담은 책이다. 고리타분한 제례 양식을 다룬 내용도 있지만 인간관계에 대한 다양한 통찰도 담겨 있다. 〈곡례〉편에 실린 첫머리의 글은 한마디로 "행동을 못하겠거든 입을 다물라"라는 의미다. 이 문장 다음에 이런 말이 있다.

"문병하면서 부조할 수 없을 때는 무엇이 필요한지 묻지 않으며, 여행자를 만나 자기 집에 재울 수 없을 때는 잠잘 곳이 어딘지 묻지 않는다."

참 지당하신 말씀이다. 실천을 못하겠으면 말을 마라. 내 절친은 지금 암 말기로 고생하고 있다. 그를 찾아온 이들이 다양하게 행동한단다. 병원을 알아봐 준다, 의사를 바꿔라, 무슨무슨 민간요법을 써라…. 내가 그러면 제일 좋은 문안 방법은 조용히 와서 현찰이 든 봉투를 놓고 가는 것이다.

내 주변에도 자기가 돈을 낼 것도, 참여할 것도 아니면서 이래라저래라 말만 하는 인간이 참 많다. 행동은 안 하면서 그저 입으로 떠드는 인간들. 빗자루 하나 들지 않으면서 '깨끗하게 살자'는 인간들. 회비 한 번 안 내면서 조직의 앞날을 논하는 인간들. 부자들 밑 닦아주느라 바쁘면서 입만 열면 '국민과 나라를 위해'를 외치는 인간들. 그리고 명절이면 와서 꼭 한마디씩 하는 친척의 얼굴을 한 타인들.

딱 한마디만 하겠다. "입 좀 다물어!"

펭수와 르네 베넷

펭수가 신드롬을 일으킨 이유를 2018년 상영된 영화 〈아이 필 프리티〉(에비 콘 연출)에서 찾아보자. 몸무게 80kg, 늘어진 볼살, 드럼통 같은 몸매가 불만인 르네 베넷(에이미 슈머 분)은 패션 센스가 뛰어나고 성격도 좋다. 하지만 일반적인 미의 기준으로 볼 때 자신이 결코 예쁘지 않다고 생각해 주눅 들어 있다. 살을 빼기 위해 헬스클럽에서 열심히 운동하던 그녀는 사이클 페달을 잘못 밟아 바닥에 머리를 부딪힌다. 정신을 차린 뒤 거울을 보니 거기엔 멋진 미녀가 서 있다. '드디어 꿈을 이뤘어!' 르네는 환호한다. 사실 아무것도 변한 게 없는데 르네의 머리가 이상해진 것이다. 자기가 보기에만 미인인 것이다.

그 사건 이후 르네는 변한다. 이전에는 남자가 말을 걸어오면 '또 길을 물어보겠지?' 했지만 이제는 '나랑 데이트하고 싶은 거지? 눈은 높아서'라고 생각한다. 모든 일에 자신감이 넘친다. 여유만만이다. 사람들의 친절이 당연하다. 지금보다 더 대우받아야 한다고 여긴다. 급기야 르네는 유명 화장품 회사의 리셉셔니스트 모집 공고를 보고 지원하는

데 사장은 자존감 넘치는 묘한 매력의 르네를 전격 발탁한다. 이 화장품 회사의 역대 리셉셔니스트들은 화려한 외모에 늘씬한 키의 소유자였다.

르네는 사람들이 비웃든 말든, 당당하게 자기 일을 해나간다. 경영진에게 건설적인 의견을 제시해서 신뢰를 얻고 남자친구를 사귀고 새 화장품 론칭을 주도하기도 한다. 영화의 미덕은 르네가 정신이 돌아와 자신이 뚱뚱하고 못생긴 여자라는 걸 알고 난 뒤에도 자신을 여전히 사랑한다는 설정이다. 르네는 신상품 발표회장에서 외친다.

"외모가 어떻든 우리는 모두 존재 자체로 아름답고 멋지다."

미국 의사 맥스웰 몰츠는 수많은 성형수술을 집도한 뒤《성공의 법칙》이라는 책을 써서 외모가 바뀌면 성격도 바뀌고 나아가 인생이 변하는 사례를 밝혔다. 귀가 이상하게 생겨 놀림 받던 소년은 늘 사람을 회피하고 두려워했으나 수술 이후 평범한 성격으로 바뀌어 잘 살았고, 자동차 사고로 흉터가 생겨 타인에게 혐오감을 준다는 생각에 고통받던 세일즈맨은 수술을 받고 성공적인 영업인으로 변신했다. 상습범으로 복역하던 죄수는 조폭 이미지를 없애고 출소한 뒤에 책임 있는 시민으로 살아갔다.

그런데 긍정적 변화만 있는 건 아니었다. 몰츠는 자신에게 성형을 받으러 온 사람 중 상당수는 전혀 이상하지 않고 심지어 매력적인데도 스스로 '못생기고 늙어 보인다'고 생각한다는 사실과 성공적으로 수술

받은 뒤에도 여전히 자신은 추하다고 여기는 사람이 있다는 걸 발견했다. 이유가 뭘까?

자아 이미지가 바뀌지 않아서다. 긍정적이고 자신감 넘치며 생명력 충만한 자아 이미지를 가진 사람만이 행복해진다는 것. 그건 외모와 무관하다는 것. 세상 그 누구도 내 허락 없이 나를 열등감에 빠지게 할 수 없다는 것이 그가 전하는 메시지다. 하지만 살다 보면 시도 때도 없이 화살이 날아와 등에 꽂힌다. 하루에도 몇 번씩 비수가 가슴에 박힌다. 팀장이, 부하 직원이, 동료가, 가족이 내게 "넌 안 돼" "네가 그렇지 뭐" "네가 뭐라고"를 반복한다.

우리에겐 어떤 비난에도 굴하지 않는 자아 이미지가 필요하다. 스스로를 사랑하고 멋진 사람이라고 말해줄 존재가 필요하다. 음악이 나오면 흥에 겨워 춤을 추고 기분이 좋으면 주위를 의식하지 않고 노래 부르는 어린아이 같아야 한다. 남의 눈치 안 보고 사장 이름을 마구 불러대는 용기가 있어야 한다. 배울 때는 최대한 몸을 낮추고 겸손해야 한다. 뭔가를 이루어야 할 때는 고통도 참고 견디어야 한다. 출신이 어디인지, 가족관계가 어떤지, 최고급 외제차가 있는지 없는지는 따지지 말라. 성별도 국적도 나이도 묻지 말라. 그저 현재를 순수하게 즐기고 누리면 된다. 그게 펭수다. 우리 모두 펭하!*

---

* 2019년 12월 13일자 〈세계일보〉에 실은 글이다.

먹고 먹히는 자연,
아니 인간 세계

    BBC 다큐멘터리에 바닷물고기 날치에 대한 게 있다. 날치는 날개 같은 지느러미가 있어 천적인 황새치가 다가오면 물 위로 치솟아 짧게는 십수 미터에서 길게는 백 미터 가까이 날아 도망간다. 황새치는 날치를 놓치고 만다. 황새치에게 쫓긴 수백 마리 날치가 바다 위로 날아오르며 안심하지만 그 순간을 기다리는 새가 있다. 군함조다. 군함조는 물 위로 솟구친 날치를 잽싸게 낚아챈다. 날치가 군함조를 피하되 그의 부리에라도 닿으면 균형을 잃고 다시 바다로 빠지는데, 이때는 황새치가 다시 날치를 쉽게 채간다.

    날치에겐 날개라도 있지만 날개도 없는 정어리는 더 비참하다. 해마다 7월이면 멕시코의 바하 캘리포니아 연안에 정어리 떼가 몰려든다. 정어리를 먹으려는 포식자들은 잔치를 벌인다. 정어리는 먼저 청새치의 공격에 무참히 무너진다. 청새치는 날카로운 부리로 정어리 무리를 흩어지게 한 뒤 상처 입은 놈을 잡아먹는다. 떼가 갈라진 틈을 노려 바다사자가 등장해 정어리를 집어삼킨다. 정어리가 몇십 마리 단위로 나뉘면 어느새 고래가 다가와 한입에 흡입해 버린다. 그 많던 정어리가 찢기고 상처 입어 몇 마리밖에 남지 않는다. 포식자들은 마지막 한 마리까지 싹 쓸어버린다.

이런 다큐멘터리를 보면 내 감수성은 바닥까지 내려간다. 어찌 보면 우리 인생은 날치와도 같다는 생각이 들어서다. 황새치를 피하면 군함조가 기다린다. 아니, 어찌 보면 우리 인생은 정어리와 같다. 청새치를 피하면 바다사자가 다가오고, 운 좋게 그를 피해도 고래 입속으로 들어가 버린다. 아닌가? 인간 사회 역시 먹이사슬에 불과하다. 날치나 정어리 같은 먹히는 존재가 있고 황새치나 바다사자 같은 먹는 존재가 있다.

'가난을 탓하지 말고 운명을 개척해라.' 이런 구호는 부질없이 들린다. '날치 같은 존재가 되지 말고 황새치 같은 존재가 되어라'와 같은 말이다. 마치 고래가 입을 벌려 남은 정어리를 싹쓸이하면서 "좀 더 빨리 도망치는 능력을 길렀어야지"라고 말하는 것과 같다. 날치는 황새치가 될 수 없고 군함조는 더더욱 될 수 없다. 정어리가 바다사자나 고래가 될 수 없는 것과 같다.

어쩌라고? 날치로 태어났으나 힘을 기르거나 태생이 정어리지만 잘 피하란 말인가? 다행히 날치에겐 날개가 있고 정어리는 번식력이 왕성하다. 날치로선, 뛰어오르되 하늘을 살피고 정어리로선 도망치되 알을 더 많이 낳아야 한다. 인간 사회의 날치급인 나 역시 날아오르더라도 위를 주시하면서 자세를 낮춰야 한다. 인간 사회의 정어리급인 나로서는 오직 더 사랑하며 사는 수밖에 없다. 이와 더불어 날치이자 정어리인 그대들과 힘을 합쳐 함께 생존할 방법을 찾는 수밖에 없다.

〈범죄와의 전쟁〉(윤종빈 연출)을 보면 먹고 먹히는 인간 사회의 모습이 적나라하게 드러난다. 조직폭력배 형배(하정우 분)는 첫 만남에서 익현(최민식 분)을 보기 좋게 두들겨 팬다. "내가 경주 최씨 충렬공파 35대손이니 너의 고조할아버지뻘이다"라는 익현의 말을 무시한 채. 며칠 뒤, 익현이 형배의 집으로 찾아온다. 알고 보니 익현은 형배의 아버지가 잘 아는 대부(할아버지뻘)였고 그동안 형배 부친을 많이 도와주기도 했다. 형배는 바로 익현에게 꼬리를 내린다.

둘은 의기투합해서 부산의 암흑가를 장악하는데 그 와중에 형배가 잡혀들어간다. 익현은 종친회를 이용해 먼 친척인 최 검사(김응수 분)에게 접근해서 형배를 빼낸다. 조직이 커지자 익현은 폭력배 수괴로 구속되는데 이때 담당자가 조 검사(곽도원 분)다. 조 검사는 인정사정 봐주지 않고 법대로 처리하려 하지만 익현은 조 검사의 선배들을 동원해서 죄를 덜어낸다.

추상같은 조 검사도 어려운 시절 자신을 도와준 선배들의 요청을 뿌리치지 못하고 익현을 봐준다. 검찰은 죄의 경중을 떠나 자기들과 친하면 손을 쓰고 아니면 나 몰라라 한다. 그러나 '범죄와의 전쟁'이 선포되자 검찰도 인맥도 무색해진다.

검찰이 범죄자 앞에서는 갑이지만, 내부의 조직에서는 기수에 따라 이해관계에 따라 갑을이 교차한다. 막강한 권력을 가진 검찰도 정권의 향배에 따라 눈치를 봐야 한다. 정권은 여론의 동향을 주시할 수밖에 없다. 그런데 그 여론을 형성하는 시민 한 사람 한 사람은 힘 있는 갑들에게 늘 당하며 산다. 마치 날치나 정어리처럼 이리 치이고 저리 차인다.

인간 세상도 자연과 다르지 않다. 소기업은 중기업에 당하고 중기업은 중견기업에 당하고 중견기업은 대기업에 먹히고…. 이게 그동안의 모습이었다면 포스트코로나로 상징되는 21세기 미래의 모습은 확연히 다르다. 그리스어인 '팬데믹'에서 'pan'은 '모두', 'demic'은 '사람'이라는 뜻이니 코로나는 위기 앞에서는 모두 평등하다는 것을 알려준다. 중소기업이라고 언제까지 당할 수는 없고 대기업이라고 언제까지 갑질을 해서는 안 된다. 중소기업이 망하면 대기업도 위태로워진다. 날치와 정어리가 다 없어지면 군함조도 바다사자도 굶는다. 이게 코로나가 전해주는 가혹한 신의 의도일지도 모른다.

上德不德, 是以有德
下德不失德, 是以无德

높은 덕은 덕을 의식하지 않으니 이 때문에 덕이 있다.
낮은 덕은 덕을 잃지 않으려 하니 이 때문에 덕이 없어진다.

6
PART

인문학은 드라마다

아름다운 패자

"내가 제일 두려워하는 이는 이순신이다.
제일 증오하는 이도 이순신이며
죽이고 싶은 이도 이순신이다.
그런데 이상하다.
내가 제일 좋아하고 흠모하고 존경하는 이도 이순신이다.
그와 차 한잔하고 싶다."

위의 글은 임진왜란 때 한산대첩에서 이순신 장군에게 패한 일본 장수 와키자카 야스하루(1554~1626)가 한 말이다. 와키자카는 배 73척을 이끌고 이순신(55척)에게 대적했다가 이 중 59척을 잃는 대패를 했다. 이때 그는 황망히 도망치다 한산도 부근의 한 섬에 올라 보름 동안 미역을 먹으며 연명했다. 왜장에게 구출될 때도 미역을 씹고 있어서 '미역 장군'이란 오명을 얻었다. 와키자카는 임진왜란이 끝나고 일본으로 돌아가 이런 기록을 남겼다.

"나는 성급했고 이순신은 침착했다. 내 전술은 단순했으나 그의 전술은 치밀했다. 나는 적장 앞에서 꼼짝할 수 없었다."

와키자카는 자신의 패배를 인정하고 쓰라린 글을 썼다. 한산대첩 이후 그의 행적에 대해선 차마 용서할 수 없는 부분이 많지만, 이 깔끔한 승복은 인상에 남는다.

승패는 병가지상사라 했던가. 아마도 승패는 인생지상사리라. 승리가 늘 아름다운 것만은 아니듯 패배도 항상 추한 것만은 아니다. 여성 격투기 선수 저메인 드 란다미는 2019년 12월 15일 아만다 누네즈에게 도전했다. 누네즈는 2016년 이후 절대 강자로 군림했다. 전 페더급 챔피언 란다미는 밴텀급과 페더급 두 체급 타이틀 보유자인 누네즈와 맞서 마지막 5회까지 잘 버텼으나 판정패를 당했다.

누네즈에게 대항했던 대부분 도전자가 KO 혹은 TKO로 나가떨어졌던 상황에서 란다미가 잘 싸운 경기였다. 경기가 끝나고 장내 아나운서가 두 사람의 점수를 발표할 때 란다미는 그럴 필요 없다는 듯 누네즈를 향해 두 손을 들어 박수를 보냈다.

'내가 졌다. 당신이 승자다'라는 의미였다. 심판 전원 일치 판정이 난 뒤 란다미는 누네즈와 포옹했다. 아름다운 모습이었다. 이 풍경은 자신의 패배를 깨끗하게 인정하고 상대의 승리를 축하하는 란다미의 숭무 정신에서 비롯됐다. 란다미는 경기가 끝난 뒤 흠모와 존경의 눈빛으로 누네즈를 바라봤다. 고수는 고수를 알아본다. 그녀의 심정은 어땠을까? 아마 이런 것 아니었을까?

'누네즈, 나도 좀 싸워보았지만 넌 정말 대단하구나. 오늘은 내가 졌다. 다음에 한 번 더 붙어보자.'

이런 게 아름다운 패배 아닌가?

2008년 베이징올림픽 남자 유도 60kg 이하 결승전에서 한국의 최민호와 오스트리아의 루드비히 파이셔가 맞붙었다. 2분 14초에 최민호는 안뒤축걸기에 이은 들어 메치기로 파이셔에게 한판승을 거두었다. 순간 방송에선 목이 터져라 "최민호~ 금메달!"을 외쳤다. 그래, 최민호 고생했다. 이제 고생 끝 행복 시작이다. 잘했다. 훌륭하다. 멋지다.

그런데 이때 파이셔가 참으로 아름다운 장면 하나를 만든다. 판정 직후 최민호는 기도하듯 두 손을 모으고 바닥에 엎드려 통곡했다. 일어설 줄 몰랐다. 파이셔는 그 모습을 보고 다가가 최민호를 일으켜 세웠다. 그러고는 그를 껴안고 뒷머리를 쓰다듬어 주었다. 아마 이런 심정이었으리라.

'에구, 얼마나 좋으면 그렇게 울어? 자, 이제 그만 울어. 너는 챔피언이야. 축하해.'

그 와중에도 한국 방송 캐스터와 해설가들은 "지난 애틀랜타올림픽에 이어 두 대회 연속 금메달이에요!" "다섯 판 연속 한판승입니다. 최민호 대단합니다!"만 외쳐댔다. 승리라는 결과만 중요한가? 인생에서 승리보다 더 중요한 것은 승패를 대하는 자세다.

파이셔는 아름답게 패했다. 담담한 올림픽 은메달리스트는 격정에 떠는 금메달리스트를 위로했다. 파이셔는 유럽 챔피언은 몇 번 했으나 올림픽 은메달 이전과 이후에 세계대회에서 1등을 한 적이 없다. 하지만 내게는 가장 위대한 유도선수이자 진정한 승자였다.

2012년 런던올림픽에서도 금메달이 확정된 뒤 오열하는 김재범 선수를 패자 올레 비쇼프가 등을 치며 위로했다. 승자가 패자를 위로해야 하는 것 아닌가? 금메달리스트는 승리를 취했으니 위로는 은메달리스트의 것이어야 하지 않은가? 승자가 위로까지 가진다면 너무 많은 것을 얻는 셈이다. 우리는 이기는 것에 집착해서 인생에서 진정으로 아름다운 것들을 너무 많이 놓치며 산다.

한국 선수들은 종종 큰 대회에서 우승하면 마치 '다음은 없다'는 듯 울고불고 난리를 친다. 올림픽 한 번을 위해 4년을 피땀 흘리는 것, 너무 잘 안다. 선수들이 인생을 걸고 애쓰는 것도 칭찬할 만하다. 하지만 스포츠 정신 안에는 배려도 있다. 이겨서 좋아 울부짖기 전에 져서 실망할 상대를 돌아볼 여유는 배우지 못하는 걸까? 해방 후 산업화 과정에서 우리는 그저 이기고 봐야 하고 1등하고 봐야 하는 각박함만 몸에 익힌 걸까? 오늘 1등이 내일 꼴찌하고 오늘 꼴찌가 내일 1등하는 것. 그것이 인생임을 부침 많은 스포츠 세계를 겪은 이들이 왜 모르는가?

승패는 인생지상사다. 최민호가 지금 이겼지만 다음에 질 수도 있고 파이셔가 지금 졌지만 다음에 이길 수도 있다. 이겼을 때 기쁨이 너무 크면 졌을 때 아픔도 크다. 이기고 지는 것에 자기를 잃을 정도로 연연하지 않는 것, 이것이야말로 스포츠의 요체 아닐까?

파트너를 대하는 자세

　김연경은 세계 무대에서 인정받는 배구선수다. 그녀가 빠지면 국내 팀이든, 외국 팀이든 순위가 내려갈 정도로 없어서는 안 되는 핵심 멤버다. 2004년 청소년대표를 시작으로 오랜 세월 국가대표로 뛴 그녀에게도 루키 시절이 있었다. 2006년 여자 프로배구 흥국생명의 김철용 감독은 정규리그 1위를 한 뒤 인터뷰에서 당시 만 18세였던 신인 김연경에 대해 이렇게 말했다.

　"어린 선수들이 주축인데도 어려운 고비를 잘 넘겨줬다. … 한국 배구사의 가장 좋은 재목인 김연경 같은 선수와 한솥밥을 먹고 있다는 건 큰 행복이다."(연합뉴스, 2006. 3. 11)

　흥국생명은 결국 챔피언 결정전에서 우승했다. 김연경은 최우수선수상을 비롯해 5관왕을 하며 데뷔 첫해 여자 배구계를 평정했다. 그녀는 인터뷰에서 "언니들에게 감사한다. … 상금으로 회식을 하겠다"라고 말했다.(노컷뉴스, 2006. 4. 15)

　흥국생명이 이후 정규리그 1위를 3년 연속 달성하고 나서 이 팀의

'언니'인 한송이 선수는 뭐라고 했을까?

"개인 성적보다 우승이다. 연주와 연경이가 있으니까 마음이 든든하다."(스포츠 칸, 2008. 11. 28)

업적을 아랫사람 덕으로 돌리고 승리를 동료 덕분으로 여기는 것. 이게 바람직한 리더의 자세 아닐까? 친구 사이는 어떤가? 슬픔을 나눌 친구는 많아도 성공을 기뻐해줄 친구는 적은 법이다. 인간은 시기하는 동물이기 때문이다. 내 성공을 기꺼이 함께해주고, 마치 자신의 그것처럼 여긴다면 그는 진짜 친구다. 내 지인 L은 중소기업 대표인데, 친구의 출판기념회에 간다면서 이렇게 이야기했다.

"그 책 정말 재미는 없더라고요. 그냥 얼굴 알리려고 낸 것 같아요. 그러면서 출판기념회는 또 거하게 하네요. 그래도 가야지. 친구니까요. 나도 책 쓸 거예요. 내가 쓰면 그것보단 더 잘 쓸 수 있어요."

내 앞에서는 친구를 헐뜯더니 꽃다발을 사야 한다며 먼저 일어섰다. 전형적인 '교언영색'이다.

공자께서 말씀하셨다.

"교언영색하는 사람치고 드물구나, 인한 이가."

교언영색은 "남의 환심歡心을 사기 위爲해 교묘巧妙히 꾸며서 하는 말과 아첨阿諂하는 얼굴빛"(네이버 사전)을 뜻한다.

노자《도덕경》38장에 이런 말이 있다.

上德不德, 是以有德 下德不失德, 是以无德
상덕부덕　시이유덕　하덕불실덕 시이무덕

"높은 덕은 덕을 의식하지 않으니 이 때문에 덕이 있다.
낮은 덕은 덕을 잃지 않으려 하니 이 때문에 덕이 없어진다."

우리는 어떤가? 대리의 공을 팀장이 가로채고 팀장의 업적을 이사가 빼앗고 사원 전체의 애씀을 CEO가 독식하지 않는가? 스포츠의 승패는 참여한 모든 이가 결정한다. 감독과 선수가 혼연일체가 되어야 승리할 수 있다. 사업이라고 다를까? 좋은 감독은 공은 선수에게 돌리고 과는 자신에게 돌린다. 하수 감독은 공은 제 차지고 과는 선수 탓이다. CEO도 마찬가지다. 만약 회사가 훌륭한 성과를 냈는데 사장이 나와서 이렇게 말한다면?

"아, 네. 이거 제 아이디어고요. 제가 사원들을 닦달해서 오늘의 결과가 나왔습니다. 저 잘했죠?"

그 밑의 직원들은 모두 속으로 사장을 욕한다. 당신이 골을 넣었더라도 공은 타인에게 돌려라. 회사의 업적은 직원 덕이라고 말하라. 동업하다 좋은 계약을 따냈다면 파트너 덕분으로 돌려라. 그게 좋은 사장의 자세다.

유머의 인문학

• 골퍼가 우승하면 ——

"무명일 때는 농담을 해도 동료들이 아무도 웃지 않았다. US오픈에서 우승하고 나니 같은 농담을 해도 모두 배를 잡고 웃더라."

스물아홉 번이나 PGA 투어 우승을 한 멕시코의 골퍼 리 트레비노가 한 말이다. 그는 메이저 대회에서 여섯 번이나 우승했는데 그중 네 번은 전설적인 골퍼 잭 니클라우스가 2등이었다. 아놀드 파머가 20대 초반의 잭 니클라우스에게 패배하면서 "내 평생 본 중 가장 집중력이 뛰어난 선수"라고 평한 적이 있다. 잭 니클라우스는 최고로 긴장되는 순간에도 늘 평정심을 유지하기로 소문난 사람이다. 그런 잭 니클라우스가 번번이 고배를 마셨으니 트레비노는 얼마나 대단한 선수인가. 잭 니클라우스는 1974년 PGA 챔피언십 결승에서 2등이 된 뒤 트레비노에게 이런 농담을 건넸다.

"이봐, 이제 멕시코로 돌아갈 때도 되지 않았나?"

트레비노는 그린 위에서는 분별력이 뛰어나며 고도의 몰입 상태에서 조용히 경기를 이어가지만 기자나 동료와 함께할 때는 쉴 새 없이 떠들며 농담하는 걸로 유명하다. 그는 "번개 치는 날에는 1번 아이언을 높이 들고 있어도 위험하지 않다. 하나님도 1번 아이언은 정확하게 못 맞추니까"라는 말도 했다. 또 "이 세상에서 번개보다 무서운 건 내 마누라뿐"이라는 농담도 했는데, 그의 아내 클라우디아는 1984년 트레비노가 "이젠 나이가 들어서 우승은 힘들 것"이라고 하자 이렇게 말했다.

"골프채는 당신의 나이를 모른다."*

트레비노는 그 말을 듣고 정신이 번쩍 났다. 그는 그해 PGA 챔피언십에 나가서 15언더파로 마지막 메이저 대회 우승을 했다. 역시… 무서운 아내를 만나야 하는 건가?

• 전쟁의 와중에──

아카데미 남우주연상에 빛나는 다니엘 데이 루이스가 열연한 영화 〈링컨〉을 보면 이런 장면이 있다. 남북전쟁이 한창이던 때, 링컨은 잠

---

* 리 트레비노에 대한 일화는 박노승 지음, 《더 골퍼》, 예문당을 참고했다.

자리에서 불러 나와 대치 중인 피서 요새의 마지막 전황 소식을 기다리고 있었다. 그 자리에는 북측 지지 의원과 정치인, 기자 등 수십 명이 대기 중이었다. 모두 긴장한 채 초조하게 전보기만 들여다보는데 링컨이 농담을 시작했다.

"내가 이야기 하나 하지."

의원 중 한 사람은 "또 시작이군. 이 중요한 순간에 이야기라니!" 하며 노골적으로 불만을 드러냈다. 링컨은 개의치 않고 말했다.

"이거 내가 아끼는 이야기라고.(웃음) 1776년 독립전쟁이 끝나고 영국하고 평화 협정을 맺기 위해 에단 앨런 장군이 영국을 방문했지. 그는 어떤 영주의 집에 묵었는데, 어느 날 손님들과 함께 저녁식사를 했어. 식사를 하고 앨런이 화장실에 갔는데 그곳에 조지 워싱턴의 초상화가 있었지. 우리 독립 영웅의 초상화를 변소에 걸어놓고 영국인들이 놀림감으로 삼은 거야. 그가 식탁으로 돌아오자 모든 사람이 주시하는 가운데 집주인이 물었어. '그래, 워싱턴 초상화를 보셨소?' 하고. 앨런은 '봤소'라고 답했어. '그게 다요? 어떻게 잘 걸려 있던가요? 사람들이 똥오줌 누는 곳에?' 사람들이 모두 깔깔대며 웃었어. 앨런도 웃으며 이렇게 말했다네. '아주 정확한 위치에 걸려 있더군요. 조지 워싱턴만큼 영국인을 지리게 할 사람은 없으니까요.'"

링컨의 이야기에 사람들은 모두 웃음을 터뜨렸다. 링컨은 남북전쟁과 노예 해방, 헌법 수정 등 긴박한 상황에서도 종종 농담을 해서 분위기를 풀곤 했다. 미국 역사에 가장 위대한 대통령으로 남은 위인은 유머 한마디가 인간관계에 얼마나 유용한 윤활제인지를 잘 알고 있었다.

• 로마인의 유머 ─────

시오노 나나미의 《로마인 이야기》에 보면, 로마인의 유머가 어느 정도로 파격적인지 알 수 있다. 기원전 46년 54세였던 카이사르는 갈리아와 이집트 등에서 승리한 대가로 로마에서 성대한 개선식을 치른다. 개선식에 참가하는 병사는 자기들끼리 미리 구호를 정해놓는 게 로마의 전통이었다. 카이사르의 병사들이 만든 구호는 이랬다.

"시민들이여! 마누라를 숨겨라. 대머리 난봉꾼이 나가신다."

12년 동안 동고동락한 부하들이 정한 구호가 겨우 이거란 말인가? 카이사르는 너무한다고 항의했지만 고참병들은 구호를 그치지 않았다. 하지만 카이사르의 볼멘소리 역시 일종의 제스처였다. 그는 유머가 풍부한 사람이었다. 계속되는 구호에 카이사르는 이렇게 덧붙였다. "그럼 '대머리'란 말만 빼줘."

세계 제국 로마에선 전투와 전쟁이 끊이지 않았다. 세력을 유지하려면 승리해야 했고 승전한 장수에게는 화려한 개선식을 보상으로 주었다. 아무나 개선식을 하는 게 아니라 원로원에서 승인한 탁월한 장군에게만 허용된 특권이었다. 개선식에 참가한 병사들에게는 35년 치 연봉이 보너스로 주어졌으며, 참석한 로마 시민 모두에게도 1년 치 연봉이 '기본소득'처럼 분배됐다. 개선식에 이어지는 연회에는 시민 6만 명이 참가했고 각종 공연과 동물 쇼 등이 펼쳐졌다. 이 모든 파티와 무대에는 로마 시민이라면 누구나 무료로 참석할 수 있었다.

그런데 로마인의 위트가 로마의 영광이 가장 빛나는 순간에 돋보인다. 개선장군의 병사들이 구호를 외치면 반드시 한 사람이 장군 바로 뒤에서 "메멘토 모리Memento mori"라고 복창한다. "죽을 날을 기억하라"라는 의미다. 당신이 지금은 로마에서 제일 잘나가는 사람이지만 너도 곧 죽는다는 사실을 명심하라. 이 얼마나 가혹한 아이러니인가. 그 외침은 진리다. 개선식을 하고 2년 뒤 카이사르는 브루투스의 손에 죽임을 당하니까.

카이사르는 부하를 아끼는 것으로 유명했다. 전투 중 아픈 병사에게 기꺼이 자기 침대를 내주곤 했다. "약한 자에겐 편한 자리를, 위대한 사람에게는 명예로운 자리를"이라고 말하면서. 이런 리더십 덕분에 병사들은 전장에서 카이사르를 위해 기꺼이 목숨을 내놓았다. 시오노 나나미는 카이사르가 행복한 지휘관이었다면서 그 휘하의 병사는 "나는 카이사르 밑에서 싸운다"라는 말을 하기 위해 싸웠다고 했다.

내가 리더라면 이런 소리를 들어야 한다. "나는 ○○○ 대표 밑에서 일한다"라는 말을 자랑스럽게 하려고 일하는 부하 직원이 한 사람이라도 있다면 성공할 수 있다. 그런 자부심을 가진 아랫사람이 세 명이라면 무엇을 하든 두려울 게 없으리라.

© Mimadeo

운명에 맡겨라

"절망이 오히려 자살을 보류하게 만든다."

-《이것이 인간인가》

유대계 이탈리아 화학자 프리모 레비(1919~1987)는 제2차 세계대전 당시 아우슈비츠로 끌려가 기묘한 현상을 목격한다. 레비가 수용될 때 이미 악명이 높았던 아우슈비츠에서 사람들은 죽을 날만 기다리며 연명한다. 당시 독일군은 수용인원의 8할 이상을 학살할 만큼 유대인의 목숨을 가볍게 여겼다. 언제 가스실로 실려가 목숨을 잃을지 모르는 이들이 하루하루 마지못해 살아간다. 기아와 모욕, 공포를 견디지 못해 자살하는 사람도 있었다. 그러나 대부분 견뎌 나갔다. 이상하게도, 오늘이나 내일 당장 죽임을 당할 수도 있다는 절망이 오히려 유대인의 자살을 보류하게 만들었다. 아우슈비츠에 끌려온 이들의 생각은 이런 것이었다.

'이런 상황에서 살아봐야 뭐 하겠나. 죽고 싶다. 하지만 내가 스스로 목숨을 끊지 않아도 언젠가는 독일 놈들이 날 죽일 테니 그때까지 어떻게든 버텨보자.'

완전한 절망 속에 죽지 않고 남은 희망의 씨앗 하나. 그것마저 말라

비틀어져 더는 바랄 것이 없다고 느끼며 살았던 유대인은 곧 해방을 맞는다. 프리모 레비도 절망이 일상인 수용소 생활 속에서 자신도 모르게 품었던 희망으로 목숨을 유지한다. 제2차 세계대전이 끝나고 그는 《이 것이 인간인가》라는 책을 발표해 세계적인 작가가 되었고 그 이후에도 40년 이상 살면서 아우슈비츠를 증언했다.

아우슈비츠는 절망의 상징이다. 절망 속에 사느니 차라리 죽음을 택하는 게 나을 수도 있다. 나는 프리모 레비의 글을 읽으면서 영화 〈타짜〉가 생각났다. 화투판에 끼어들었던 초보 타짜 고니(조승우 분)는 돈을 잃고는 화장실에서 칼로 자신의 손가락을 자르려 한다. 그 모습을 우연히 보게 된 악귀(김윤석 분)가 이렇게 말한다.

"다 때 되면 남들이 알아서 잘라줄 거인디, 거 그냥 놔둬라."

큰돈이 걸린 화투판에서는 손가락도 걸고 손목도 건다. 여기서 지면 상대방 패거리에서 알아서 손가락도 잘라주고 손목도 절단해준다. 어차피 남이 잘라줄 텐데 왜 자신이 미리 자르느냐는 거다. 50년 인생을 살다 보니 손가락 하나 자른 조폭, 두 개 자른 조폭도 만나봤다.

한때 나는 강남에서 큰 고깃집 월급 사장을 했다. 이때 돈을 대주는 '물주' 형님이 있었고 그 물주에게 더 큰돈을 대주는 '회장님'이 있었다. 물주 형님은 오른손 새끼손가락 반이 없었고 회장님은 새끼와 약지가 없었다. 물주 형은 일본 야쿠자 조직에서 나올 때 새끼손가락을 바쳤다. 회장님은 청년 시절 한국 조직에서 한 번, 나중에 야쿠자 조직에서 한 번 손가락을 잘렸다. 두 번의 절단으로 회장은 암흑가와 완전히 단절했다. 회장과는 딱 한 번 만났고 나이 차이 적게 나는 물주 형과는 자주 어울려 술도 마시곤 했다. 그는 한때 야쿠자 행동대원이었는데 의외로 마음이 약했다. 잘린 새끼손가락이 화제에 올랐을 때 그가 말했다.

"그 〈타짜〉에 나온 말이 맞아. 내가 내 손가락 못 자르겠더라고. 바로 아래 꼬붕이 알아서 잘라주대."

운명이 다 준비하고 있으니 미리 끊지 말자. 손가락이든 목숨이든.

새가슴을 위한 멍 때리기

"누구나 잠깐 동안 고요히 앉으면,
강가 모래같이 많은 칠보탑을 만드는 것보다 낫도다."

위의 법문은 성철 스님이 쓴 《영원한 자유》에 나오는데 문수보살이 무착 문희 선사(당나라의 승려, 821~900)에게 한 말이라고 알려져 있다. 이 글을 나는 또 누군가에게 상처받고 온 날 읽었다. 눈을 감고 고요히 앉아 생각했다.

'산다는 게 이렇게 내상을 입는 일일까? 그런데 가만히 생각해보자. 오늘 내게 상처를 준 A를. A는 내 인생에서 얼마나 중요한가? 1도 중요하지 않다. 그런데 왜 나는 1도 중요하지 않은 이의 말에 100이란 상처를 받는가? 1도 중요하지 않다면 그의 말, 그의 행동을 1도 중요하지 않게 여겨야 맞다.'

이렇게 스스로 위로하면서 정신 무장을 한다. 오늘도 내게 비난의 화살을 쏘아댄 A는 코를 골며 속 편히 잠을 자고 있겠지. 화살을 맞은 나는 한 마리 여린 사슴처럼 새벽 두 시에 잠 못 자고 이 글을 쓰는데. 인간 사회에도 육식과 초식이 있어 육식종은 초식종을 물어뜯고 할퀴고 잡아먹는데 초식종은 이빨 자국을 안고 피를 흘리며 쓰러져 신음한다. 육식종은 사지를 편히 뻗고 늘어져 자는데 초식종은 쪽잠을 자며 내내 서서 떤다.

이래서야 어떻게 산다고 할 수 있겠나. 가해자는 단잠을 자고 피해자는 전전긍긍하니 어떻게 인간 사회라 할 수 있겠나. 선사와 수도자와 명상가들 역시 상처받고 흔들리며 살았나 보다. 그 상흔의 역사 속에서 그들은 '잠깐 동안의 고요함'이 수많은 보석을 담은 탑보다 가치 있다는 걸 알았으니. 칠보탑은 세속적 가치를 지닌 탐욕의 상징이기도 하다. 세상에서 귀한 것은 우리를 탐욕에 물들게 하고 마음을 흔들리게 하고 영혼을 피폐하게 만든다.

현대를 사는 우리는 강가의 모래알만큼 많은 소통 속에서 살아간다. 소통의 어휘는 때로 가시가 되고 때로 채찍이 되어 우리를 때린다. 아무래도 초식성 인간을 위한 '멍 때리기 비전祕傳'이라도 연마해야겠다.

1단계 양이관통법兩耳貫通法 : 사이코의 언어를 한쪽 귀로 듣고 한쪽 귀로 내보냄으로써 내 뇌를 깨끗하게 유지하는 단계

2단계 우이독경법牛耳讀經法 : 사이코의 질문에 엉뚱한 답을 함으로써 그의 허탈함을 유도, 더 이상의 대화를 포기하게 만드는 단계

3단계 광인미소법狂人微笑法 : 무슨 말을 듣든 바보처럼 웃음으로써 상대의 기를 막히게 만드는 단계

4단계 유체이탈법幽體離脫法 : 육신은 그를 쳐다보고 대답은 하나 정신은 다른 곳에 가 있는 단계

5단계 비참연상법悲慘聯想法: 내 앞에서 떠드는 자가 치매에 걸려 벽에

X칠을 하다 욕창까지 번져 온몸에 진물이 흐르며 죽을 것이

라고 상상하면서 대화하는 단계

위인들도 힘들었다

"사람을 만나면 속에 있는 말을 다 하지 말고 3분의 1만 하라."

– 《명심보감》

인도의 간디(1869~1948)는 영국에서 변호사 자격을 얻고 남아프리카 공화국에서 처음 일을 시작하면서 그곳에 체류하는 인도인에 대한 인권운동을 함께 했다. 1899년 그는 인도로 돌아가 더 큰일을 하기로 결심하고 남아공을 떠난다. 간디가 떠날 때 그에게 도움을 받았던 사람들은 많은 선물을 했다. 간디는 이 선물을 모두 신탁하여 인권운동에 쓰기로 한다. 하지만 부인은 그녀 앞으로 온 값비싼 순금 목걸이를 내놓지 않는다. 간디는 인도 교포를 위한 공적인 사업을 하면서 귀금속을 받을 수는 없다고 아내를 설득한다. 부인은 "아이들의 장래를 생각해서 이 목걸이 하나만은 보험처럼 갖고 있겠다"라고 고집한다. 결국 간디는 큰 소리를 한다.

"내가 일해서 받은 목걸이지 이게 당신이 일해서 받은 거요?"

부인도 지지 않는다.

"당신이 일할 때 나는 놀았나요? 난 밥하고 빨래하고 살림했어요. 나도 죽어라 고생했다고요. 당신이 밖에서 존경받을 때 난 집에서 온갖

궂은일은 다했는데, 내가 하녀인가요!"

나중에 선물을 돌려보냈지만 간디는 부인을 설득하는 데 애를 먹는다. 그에게 부인의 말은 가시가 되어 가슴에 박혔다.(간디가 먼저 한 말은 부인에게 대못이다.)

영화 〈링컨〉을 보면 이런 장면이 있다. 남북전쟁의 와중에 링컨이 하루 종일 힘들게 일하고 퇴근한다. 부인 메리 토드 링컨은 자신이 늘 남편의 관심 밖에 있다고 생각한다. 그날도 메리는 우울해서 짜증을 낸다. 그러자 링컨이 말한다.

"내가 밖에서 얼마나 힘든지 아시오?"

"당신은 위대한 일을 하시겠죠? 그 잘난 일을 하느라 당신 아들도 죽였지!"

링컨과 메리 사이엔 네 아들이 있었는데 둘째 에드워드는 폐결핵으로 1850년에 죽었고 셋째 윌리엄은 열병으로 1862년에 죽었다. 특히 윌리엄은 링컨이 첫 번째 대통령 임기 때 사망했는데 메리는 늘 바쁜 링컨이 아들을 제대로 챙기지 않았다고 믿었다. 이런 메리의 말은 분명 대못이다. 링컨은 거침없는 메리의 말 때문에 죽기 전까지 우울증에 시달렸다. 링컨 자신에게 암살은 타살이 아니라 자살이다.

버락 오바마가 2004년 연방 상원의원 선거에 뛰어들었을 때 그의 부인 미셸은 "나는 당신 안 찍는다"라고 선언했다. 이 한마디가 오바마를 아프게 했다. 미셸은 남편이 정치인으로 풍랑을 겪기보다는 변호사로 조용한 생활을 하길 바랐다. 오바마는 "내가 출마해도 성공할 가능성은 적다. 이번에 안 되면 다 때려치우고 안정적인 일만 하겠다"라는 말로 아내를 안심시켜야 했다.

위인도 부인과 말로 상처를 주고받는 걸 보면 우리 같은 범인은 상처의 홍수 속에 사는 게 당연한 거 아닌가 하는 생각도 든다. 간디나 링컨 같은 인물조차 아내에게 인정받지 못했다는 사실로 오늘의 나를 위로한다.

＊간디 일화는《간디 자서전》(지만지), 오바마 일화는《담대한 희망》(랜덤하우스)을 참고했다.

보통 사람들은 어떻게 하는가?

어떤 일이 마음에 들지 않으면 부하들을 몰아붙이지만
마음에 드는 일에 대해서는 아무런 칭찬도 하지 않는다.

당신의 철학은 무엇인가

칭찬이 철학이 되게 하라

"보통 사람들은 어떻게 하는가?
어떤 일이 마음에 들지 않으면 부하들을 몰아붙이지만
마음에 드는 일에 대해서는 아무런 칭찬도 하지 않는다."

- 《인간관계론》

당신은 혹시 리더로서 아랫사람의 잘못을 지적하는 것을 자기 업무 중 하나라고 오해하고 있지 않은지 스스로 점검해보라. 아랫사람이 잘한 점은 눈에 들어오지도 않고 오로지 "이것들이 오늘 또 뭘 잘못했나?"만을 따지지 않는가? 만약 그렇다면, 당신은 데일 카네기(1888~1955)에 따르면 그저 보통 사람일 뿐이다. 운 좋게 CEO가 됐다 해도 거기까지다.

보통 사람 CEO는 부하직원이 한 일이 마음에 들지 않으면 서슴지 않고 몰아붙인다. 비난하고 비판하고 짜증 낸다. 만약 부하직원이 일을 잘하면 어떨까? 아무 말도 하지 않는다. 비난에는 능하고 칭찬에는 인색하다. 아니, 아예 칭찬이란 걸 할 줄 모른다. 이런 부류도 누군가 아부성 칭찬을 퍼부으면 좋아한다. 남의 눈의 티끌은 보면서 제 눈의 들보는 보지 못한다. 도대체 왜 이렇게 상대를 물어뜯는 '도베르만' 같은 존재가 되었을까? 여러 가지 이유가 있다.

- 어린 시절, 부모에게 칭찬을 못 받고 자랐다. 사랑도 받아본 사람이 하고 칭찬도 들어본 사람이 한다.

- 회사에 입사해서 늘 면박만 받았다. 제대로 하는 일이 없어서다. 그럼 어떻게 사장이 됐을까? 최대의 미스터리이거나 유전자 덕이다.

- 도베르만에게는 자기가 생각하는 '일 매뉴얼'이 있다. 그 매뉴얼에서 벗어나면 큰일 난다고 생각한다. 종종 부하직원의 창의적인 아이디어가 전체의 프로젝트를 더 잘되게 할 수도 있다는 사실을 놓친다.

- 켄 블랜차드의 《칭찬은 고래도 춤추게 한다》 또는 데일 카네기의 《인간관계론》 같은 책을 읽어보지 못했다. 아니, 책 자체를 잘 읽지 않는다.

- 그냥 도베르만이라서 그렇다. 도베르만은 독일인 도살업자인 루이 도베르만이 교배를 거쳐 만든 품종으로 침입자를 공격할 때 사나움이 드러나는 견종이다. 천성이 잘 짖고 물어댄다.

강효 교수는 줄리어드음악원에서 30년 동안 바이올린을 가르치며 길 샤함, 장영주, 김지연 등 세계적인 바이올리니스트를 배출했다. 그에게 배운 제자는 천여 명에 이른다. 강효 교수는 '무조건 칭찬'의 레슨으로 유명한데 언젠가 다큐멘터리에서 이렇게 말했다.

"제자의 연주가 마음에 안 든다고 생각하면 내 하루가 불행해져요. 좋은 점을 보면 주위에 있는 게 다 좋죠. 일도 잘되고 사람도 많이 몰려와요."

칭찬이 당신의 철학이 되게 하라, 오늘부터라도. 1년 뒤, 확연히 달라진 나를 만날 수 있을 것이다. 일도 잘되고 사람도 많이 몰려온다.

털 한 개를 뽑아
세상을 구한다?

"사람마다 자기 몸에서 터럭 하나를 뽑지 않고,
천하를 이롭게 하는 일을 하지 않는다면 천하는 잘 다스려질 것이다."

- 《열자》

중국의 철학자 양주(기원전 440?~기원전 360?)는 이기와 쾌락을 추구했다고 알려져 있다. 그런데 《열자》를 보면 위의 언급 다음에 양주와 금골희의 대화가 나온다.

금씨가 물었다. "선생님 몸에서 털을 한 개 뽑아 세상을 구제할 수 있다면 선생님은 그런 행동을 안 하시겠다는 겁니까?"

양주가 답했다. "세상이란 본디 털 하나로 구제할 수 있는 게 아니지요."

금씨가 다시 물었다. "만약 구제할 수 있다면, 하시겠습니까?"

양주는 대답하지 않았다.

양주는 왜 대답하지 않았을까? 말해봐야 금골희는 못 알아듣기 때문이다. 질문이 비논리일 때 응답은 불성립한다. 맹자는 "아예 가르치지 않는 것도 가르치는 한 방법"이라고 했다. 옛날의 선생들은 이렇게 가혹했다. 가혹도 교훈의 한 방법이다. 양주는 또 이렇게 말했다. "큰 집과 아름다운 옷과 맛있는 음식과 예쁜 여자, 이 네 가지가 있는데 왜 다른 것을 원하는가? 이 네 가지가 있는데도 다른 것을 원한다면 만족을 모르는 성격 탓이다."

양주는 왜 이런 말을 했을까? 이건 전적으로 내 상상이다. 춘추전국시대의 사상가들은 왕에게 빌붙어 평민보다 나은 생활을 했지만 종종 굶주리고 곤란에 빠지곤 했다. 공자도 평생 안정된 관직을 추구하며 전전긍긍했으니 다른 이는 말해 무엇 하랴. 다만 제자백가가 가진 유일한 특권은 마음대로 원하고 원하는 대로 말하는 것이었다. 자, 그런데 여기 '큰 집과 아름다운 옷과 맛있는 음식과 예쁜 여자'를 가진 한 사람이 "인생에 더 구할 것이 있나니라~ 블라블라" 한다 치자. "난 120평 빌라에 살고 아르마니 옷도 많고 호텔 뷔페를 애용하며 미스코리아와 결혼했어. 그런데도 뭔가 부족해. 그래서 철학도 하고 인문학 공부도 하고 그래." 이런 식이다. 한마디로 재수 없다. 양주는 "그 정도 가졌으면 가진 것에 만족할 줄이나 알아라. 지식인인 척 떠들지 말고"라고 일침을 가한 거다.

양주는 "설사 지구를 구할 수 있더라도 털 하나 뽑지 말고, 나라를 위한답시고 깝죽대지 말아라"라는 말을 하고 싶었을까? 아니다. "털 하나 뽑는 수고를 하면서 지구를 구한다고 떠들지 말고, 깝죽대지 않으면서 나라를 위해 행동하라"라는 이야기를 하고 싶었을 뿐이다.

나는 이 말을 왜 하는가? 매일 보는 사람에게 따뜻한 말 한마디 안 하면서 정치가 어떻고, 나라가 어떻고, 거시경제가 어떻고 떠드는 이들 때문이다. 정작 주변 사람들은 그의 언행 때문에 가슴에 못을 박고 살아가는데 그의 입에서는 거창한 지구별 구하기가 술술 잘도 나온다. 그런 사람에게 한마디 하고 싶다.

"제발 털이라도 하나 뽑으면서 그런 말을 하시오."

농담을 못 참으면 왕따

"자기에 대한 농담을 듣고 불편해하거나
조금이라도 불쾌한 내색을 보이는 사람에게는
다음부터 아무도 말을 시키지 않았다."

- 《플루타르코스 영웅전》

고대 그리스 스파르타 사람들은 특이한 공동 식사를 했다. 15명 정도 뜻이 맞는 이들끼리 모여서 커뮤니티를 만들고 함께 밥을 먹었다. 사람들이 모이면 연장자가 식당 문을 가리키면서 "한마디도 저 밖으로 나갈 수 없소"라고 말했다. 안에서 한 이야기는 그곳에 묻고 가란 의미다. 미주알고주알 뒷담화하지 말란 뜻이다. 밥 먹으면서 한 농담 때문에 기분 상하지 말란 얘기다.

스파르타 사람들은 공동 식사 모임에 새 회원이 들어올 때 특이한 신고식을 했다. 기존 회원들이 빵조각을 들고 있고 하인이 그릇을 머리에 이고 지나간다. 만약 새로 들어올 사람이 맘에 들면 기존 회원들은 빵조각을 그대로 그릇에 넣고, 맘에 안 들면 빵조각을 손가락으로 꼭 쥐어 찌그러뜨려 넣는다. 단 하나라도 찌그러진 빵이 있으면 신입 회원은 공동 식사 멤버가 되지 못한다. 신입자를 탐탁지 않게 여기는 사람이 한 사람이라도 있으면 즐겁게 식사할 수 없기 때문이다.

이들은 어릴 때부터 공동 식사에 끼어들어 어른들이 담소하는 모습을 보면서 내성을 키웠기에 웬만한 비아냥에는 태연하게 대응했다. 스파르타인은 용감하면서 동시에 지혜로웠는데 이를 상징적으로 보여주는 이야기가 있다. 한 스파르타 사람이 싸움닭을 사러 갔는데 상인이 "죽을힘을 다해 싸우는 닭을 주겠소"라고 했다. 그러자 스파르타인은 "죽을 때까지 싸우는 닭을 주시오"라고 했다.

남자들은 곧잘 짓궂은 농담을 한다. 가끔 이 농담이 지나쳐 인격살인이 되기도 한다. 지성인이라는 이들도 모여서 '제일 질렸던 여자들'에 대해 이야기한다. 술을 한 잔 마시면 '질렸던 여자들' 이야기를, 한 잔 더 마시면 '그냥 여자' 이야기를 하는데 대체로 사이코에 또라이에 미친 여자, 즉 질렸던 여자 이야기다. 한심하다. 왜 과거에 얽매이고 헐뜯는 데 혈안인가. 나도 그랬다. 오늘부터는 '지금, 여기의 가장 멋진 여자들'에 대해 이야기하련다. 그러다 '멋진 여자'에 대해 이야기할 테고 결국에는 '여자=멋짐'으로 결론 내겠다.

언젠가 나는 농담 한마디 했다가 분위기가 싸해진 경험을 했다. 소도시 경영인 모임이었다. 특강을 하다 모임 회장에게 물었다. "논어 첫 구절이 뭔지 아시죠?" 회장은 대답을 못했다. "회장님부터 공부 좀 하셔야겠네." 이후 강의 분위기는 냉랭했다. 핵폭탄급 유머를 던져도 썰렁했다. 나중에 나와 친했던 지인이 그 이유를 이야기해줬다. "회장님이 초등학교만 나오셨지만 우리 지역을 위해서 봉사도 많이 하고 굉장히 소탈하셔요. 여기 모인 회원 중 그분 도움 한 번 받지 않은 사람이 없습니다."

　적진에서 내 발밑에 수류탄을 떨어뜨린 꼴이었다. 그때만 생각하면 지금도 얼굴이 화끈거린다. 하지만 플루타르코스(로마의 작가, 46~120)가 쓴 영웅전 한 구절이 '이제 자책은 그만하라'고 위로한다. 그래, 농담 한 번 한 걸로 목을 맬 수는 없다. 웬만한 농담은 웃어넘길 줄 아는 친구들과 공동 식사를 하면 된다.

우리는 한낱 죄 많은 인간

"한때는 거대한 바다를 가로질러 평평한 길을 놓았던,
군대에 심해를 건너가게 해주었던,
말 탄 채 그것을 뛰어넘으며 바다의 포효를 무시했던
그이(페르시아 황제 크세르크세스)도,
빛을 앗기자 죽어가는 몸으로부터 영혼을 쏟았다."

– 《사물의 본성에 관하여》＊ (강대진 옮김)

2011년 7월, 오스트리아 빈의 카푸친 수도원 앞에서 기이한 풍경이 펼쳐졌다. 전 세계 취재진과 유럽 지도자들, 수많은 시민이 지켜보는 가운데 합스부르크 왕가의 마지막 황태자 오토 폰 합스부르크(1912~2011)의 관이 수도원 문을 통과하려 했다. 장례 주관자는 이 수도원이 관리하는 황실 묘지에 오토를 안장하기 위해 문을 세 번 두드렸다. 수도원장이 물었다.

"누가 들어오려 하는가?"

장례 주관자가 대답한다.

"오토 폰 외스터라이히. 오스트리아 – 헝가리의 황태자이시며 헝가

＊ 루크레티우스가 쓴 책.

리, 보헤미아, 달마시아, 크로아티아, 슬라보니아, 갈리시아, 일리리아의 왕세자이시며 토스카나 대공, 오베르슐레지엔, 모데나, 파르마, 아우슈비츠, 잘츠부르크, 부코비나의 공작이시며 합스부르크, 티롤, 키부르크의 제후이시며 트리에스트, 코토르, 빈트의 영주이시며 보이보디나를 비롯한 여러 보호령의 수호자, 오토 루돌프 대공이십니다."

"우린 그런 사람 모른다."

장례 주관자는 다시 세 번 문을 두드린다.

"누가 들어오려 하는가?"

"오토 폰 박사, 유럽 의회 의원이자 최고 의장이며 수많은 대학의 명예박사이자 교회에서 수여한 최고의 명예를 지니고 이러저러한 훈장을 받은 루돌프 대공이십니다."

"우린 그런 사람 모른다."

다시 문을 두드린다.

"누가 들어오려 하는가?"

"오토, 한낱 죄 많은 인간입니다."

"그렇다면 들어오라."

그제야 수도원 문이 열린다. 합스부르크 왕가는 15세기부터 현대에 이르기까지 유럽에서 영향력이 큰 가문 중 하나였다. 신성로마제국의 지배자였으며 유럽의 거의 모든 왕실과 결혼정책으로 맺어진 귀족 집단이었다. 20세기 들어 두 차례 세계대전과 함께 쇠락했으나 합스부르크 왕가는 여전히 전설적인 가문이다.

마지막 황태자 오토가 사망했을 때, 가문의 전통에 따른 장례가 열렸다. 막대한 부와 권력을 손에 쥐고 100년을 살았던 자도 신 앞에서는 그저 죄 많고 가엾은 한 인간일 뿐이다. 마지막 가는 길에는 그 어떤 칭호도 지위도 필요 없다. 겸손한 신앙고백만이 필요하다. 이 사실을 망각하고 오늘도 거들먹거리는 당신, 우린 그런 사람 모른다.

크리스마스의 마음

⟨마태복음⟩을 보면 크리스마스에 대한 묘사가 있다.(1장 18절에서 25절)

예수 그리스도의 나심은 이러하니라. 그의 어머니 마리아가 요셉과 약혼하고 동거하기 전에 성령으로 잉태된 것이 나타났더니 그의 남편 요셉은 의로운 사람이라 그를 드러내지 아니하고 가만히 끊고자 하여 이 일을 생각할 때에 주의 사자가 현몽하여 이르되 '다윗의 자손 요셉아, 네 아내 마리아 데려오기를 무서워하지 말라. 그에게 잉태된 자는 성령으로 된 것이라. 아들을 낳으리니 이름을 예수라 하라. 이는 그가 자기 백성을 그들의 죄에서 구원할 자이심이라' 하니라.

이 모든 일이 된 것은 주께서 선지자로 하신 말씀을 이루려 하심이니 이르시되 '보라 처녀가 잉태하여 아들을 낳을 것이요, 그의 이름은 임마누엘이라 하리라' 하셨으니 이를 번역한즉 하나님이 우리와 함께 계시다 함이라.' 요셉이 잠에서 깨어 일어나 주의 사자의 분부대로 행하여 그의 아내를 데려왔으나 아들을 낳기까지 동침하지 아니하더니 낳으매 이름을 예수라 하니라.

세상에서 가장 위대한 사랑을 했던 남자는 누구일까? 요셉이다. 자기 아이도 아닌 예수를 받아들이고 잘 키웠다. 마리아가 성령으로 잉태했다 하지만 그 말을 쉽게 믿기 어려웠을 거다. 주변 사람은 믿지 않았다. 하지만 그는 마리아를 받아들였다. 왜? 그녀를 사랑했기 때문이다.

'믿음 소망 사랑 이 세 가지는 항상 있을 것인데 그중에 제일은 사랑'이라 했다. 사랑은 그런 것이다. 요셉은 마리아를 너무 사랑해서 그녀와 끝내고 싶지 않아 꿈까지 꾼다. 하나님의 사자가 꿈속에서 "마리아는 성령으로 잉태되었으니 두려워 말고 아내로 맞이하라"라고 한다.

결혼을 앞둔 처녀가 임신했다. 그것도 내 아이도 아닌 다른 누군가의 아이를 임신했다? 이건 도무지 납득할 수도, 용서할 수도, 이해할 수도 없는 일이다. 그러나 사랑은 그렇게 납득할 수도, 용서할 수도, 이해할 수도 없는 일을 덮어 버린다. 납득할 수도, 용서할 수도, 이해할 수도 없는 일보다 더 힘이 세다. 그렇지 않으면 사랑이 아니다.

크리스마스의 의미는 그래서 언제나 사랑이다. 납득할 수도, 용서할 수도, 이해할 수도 없는 그 사람에 대한⋯. 박사학위를 받고 동서고금의 인문학 문장을 달달 외우고 수십만 독자를 울리는 유튜버라 해도 마음에 크리스마스가 없으면 울리는 징일 뿐이다.